海漂缀拾

海老文集·卷五

海老 著

易文出版社·纽约

Published by I Wing Press, New York
iwingpress@gmail.com
June 2023, First Edition, First Printing
ISBN：978-1-940742-91-5

海漂缀拾

海老文集·卷五
海老 著

出 版 人：邱辛晔
封面题签：海 老
美编设计：王昌华

出　　版：易文出版社·纽约
版　　次：2023 年 6 月第一版，第一次印刷
字　　数：55 千字

Copyright © 2023 by Hai Lao
All rights reserved.
No part of this book may be reproduced in any form or by any electronic or mechanical means including information storage and retrieval systems, without permission in writing from the publisher. The only exception is by a reviewer, who may quote short excerpts in review.

作品内容受国际知识产权公约保护　版权所有

题　　记

　　在之前发表过的《笑世杂谈》写了从出世的 1943 年开始,到离开祖国的 1980 年,在中国国内所经历的自身和社会发生的点点滴滴。

　　这部《海漂缀拾》写的是从 1981 年到 2011 年,这 30 年离开中国后,在海外自身和社会发生的点点滴滴。

　　《笑世杂谈》的结尾写道:

　　"我曾经憎恨过这片土地,憎恨过这片土地上的人,曾经发誓要离开这片土地永不回头。

　　现在已经实现了吧。

　　但,一刹那间突然感到原来我是那么热爱这片土地,是真正地从内心深处热爱这片土地,因为当我真的要离开的时候是那么地不舍。

　　长期被人判定为另类的结果,令自己也曾怀疑过自己难道真是这篇土地的敌人?但是,这个结论在 1980 年最后一天,在这片土地最南头的罗湖桥头被自己坚决地否定!毫不犹豫地否定!

　　我是一个真正的爱国者!因为我从心的深处、从灵魂的深处热爱这片土地!

　　当我给自己这样一个肯定的结论的时候,我站直身体,告诉自己:我,还要回来!

　　挽着女儿的手,转过身来,向北,对着飘扬的国旗,深深鞠一个躬!女儿顺从地也弯腰深深鞠了一个久久的躬!

　　转身,我们走向挂着'米'字旗的、还是在英国人管治下的'香港人民入境事务处'的大厅。"

现在对于离乡背井、居无定所、业无专攻、四处奔波的游民，称之为"某漂"，在北方地区流浪的，称之为"北漂"；在南方流浪的，称之为"南漂"，总之用"漂"来形容这样的人群，是十分符合形象的。

那么，公元一千九百八十年底，在中国南端的罗湖桥上跨出那一步的我们爷俩，从那一刻起，就成了"海漂"。"海漂"者，漂零海外的流浪者之谓也！

这也是这部文字的题目用《海漂》这俩字的原因。

俗话有道："有父母的地方就是家"，或"有妻子的地方就是家"，亦或"有居所的地方就是家"，再或"有父母妻子儿女居所的地方才是家"……是的，这些都没有错。

但是，如果你离开了生你养你的土地、离开了这片土地上的山川河流、离开了这片土地上同声同气的人民，任何一个异样的地方，你都不感到是真正的"家"。

是的，现在我的亲人、我的事业、我的生活、我的一切，都已经固定在一个异国他乡。但是，在我心灵深处、灵魂深处，依然、永远是一个漂泊游子的感觉，因为我离开了那片土地。

而那片土地是从南到北、从东到西的山川河流、土地湖泊、森林作物、语言文字、文学艺术、创造这一切的淳朴善良的人和这片土地上不变的一切。

而这一切并不包括几十个"朝代"、四百多个"皇帝"、十几个"总统"、七八个"主席"。因为这些都不过是时间流程中的昙花一现，是过眼云烟，是虚妄变幻。

先说这些题外的话，作为一个"题记"。

2018 年 7 月 18 日于维罗纳自寓小楼
2021 年 3 月 28 再修订
2023 年 6 月 2 日再次修订

序

  《海漂缀拾》三十篇，其时间跨度，涵盖作者"海漂"经历者，凡三十年。以计冠光先生（海老）丰富的阅历，前一个三十，当不过是后一个三十之大海滴水，恒河沙数而已。因以此，本卷书名，吾敢荐以"缀拾"。海老允焉。

  1981 年，海老正当风华正茂之年，裹挟往昔岁月之伤痕，毅然渡越罗浮桥，于香港白手起家。他以青年时代练就的手艺和胆识，不仅站住了脚，且倏忽转型，抓住了中国开放而展生之机遇，乃得与经济和商业鼎盛之势，一同成长。彼三十载间，海老往来大陆香港欧美，开拓试新，内修礼仪，外践纵横，击掌且作契约，杯酒更品滋味，踌躇满志，得失两忘。概而述之，本书故事，非小说家言，乃大时代中个人史，记述了海老智慧敏锐，奔波劳碌之点滴。而海老更以个人经历的一次次改变，表明了他人生规划的理念：个人命运实时代风云之折射，所有的奋斗和机会，既是为有能力和想法的人准备的，然历史大事件也为个人选择画了一个限制之圈。因此，海漂者言，堪称时代巨变中具独立精神之个体如何顺流、顺机、顺变、顺生的一道道启示。

  阅读海老 80 年代初人生的一次重大选择之细节，不免想到了那个年代中，我也曾开始一段关键转折。1980 年，考入复旦大学中文系。吾一应届中学毕业生耳，既少知识，复欠见识。幼年懵懂无知，少年随波逐流（波，乃文革之波），书读不了多少，更多是无责任之闲逛，最美好和最能吸取知识的年龄，于未知珍惜中流失而不自觉；入中学，为高考复习占据，学而时习，却是被动的，本该充满青少年热情和追求的岁月，深埋于背诵、做题、记题。好在如此之功亦不唐捐，一纸大学录取书，予我以"颠覆性"的觉醒机会。八十年代思想解放运动、反"异化"和"自由化"思潮，奠定和塑造了一个学子的价值观。然而，那毕竟是在校园，和海老同时期之"闯江湖"相比，实在是苍白的，多属书生之意气。海老笔下之香港"落地"，接底气的"折腾"，我后来倒是经历了，但那已是十年之后，地在纽约。1990年，飞机从虹桥机场腾空飞向太平洋的那刻，我没有海老告别深圳，走向英国米字旗的感慨，唯觉前程迷茫，但有破釜沉舟和过河小卒的意志。我知道，就个人而言，一个旧时代就此结束，一个新时代开启了：书生之见之身，将在新大陆淬火、锻炼、检验。

之所以在此小序及于己身，因海老所写之三十年，令我有所感发：人生中总有几个阶段性的标志，或时间，或事件，或人物。随着那个大时代之涨潮落潮，我们的路走得很远。海老在"题记"中以海归为参照，为海漂下了一个定义。阅读本书的三十篇漂流者记事，是否可以说，漂，看似无目标，少规划，从命运，实际上是由个人的决心和意念领航、把舵之思维与实践；它不受制、受限于集体、利益，及外在权威；空而实有，具任何可能性。

木心研究者童明教授在一篇回忆文章说，他没有按照惯例，把 diasporic literature 称为"离散"或"流散"文学，而译为"飞散文学"。木心很赞成这个译法："离散"或"流散"凄凄惨惨的，哪里有当代文化跨界作家个个身手矫健的形象。海漂，在某种意义上，和离散、流散、飞散，甚至流亡，有接近的内涵。敢于海漂者，称得上木心所称之"身手矫健"。这本书所载录之海老三十年，堪可为夫子论道作证。

邱辛晔
2023.6.10 草于思渊堂

目　　录

题 记	I
序	III
（一）我的名字三个K	1
（二）好在没有做"苦力"	4
（三）你们大陆不是学雷锋吗	7
（四）头发上的油漆都没有干	11
（五）你们可以成立党支部了	14
（六）Made in Japan?	17
（七）摇身一变"港澳同胞"	20
（八）大姐浇了我一瓢冷水	23
（九）只能说外交辞令	26
（十）找到掏钱的主	30
（十一）反而被批评	33
（十二）一年上下108次飞机	36
（十三）呆站在舞池中心	39
（十四）法兰克福机场的一次谈话	43
（十五）质量就是生命	46
（十六）在大教堂遇到皇太后	49
（十七）站街女郎说了声对不起	52
（十八）瑞典人也吃大锅饭	55
（十九）爸爸，我的钱都在	58
（二十）避孕嗷（BNO）	62

（二十一）土壤板结 66

（二十二）轮船畅想 69

（二十三）被迫转行 72

（二十四）艰难创业 74

（二十五）报销的"汽油发票" 77

（二十六）赌　场 80

（二十七）"涠洲岛"之梦碎 84

（二十八）摩　西 87

（二十九）建筑故事 90

（三十）　收　手 93

浮光掠影 —— 近数十年镜头下的生活片段 95

（一）我的名字三个 K

朝挂英国旗的方向走，肩膀上抗着一只硕大的红色皮革箱。六岁的女儿用小手紧紧地拉着我后衣襟，紧随在后。

父女俩踩着连接罗湖和香港铁路桥上的枕木石子，一脚高一脚低地走去。

桥虽不算长，但这一段路却相隔着两个截然不同的世界，前面的是一个完全陌生的环境。

终于走完了这段铁路，按箭头指示进入了一个挺大的房间，里面坐满了人。

先填了一张表格，被命等候呼叫。一个小时一个小时过去，漫长的等待。

女儿饿了，我也饿了。用手扣扣搜搜地从口袋摸出仅有的七十元港币。那是按照两个出境人员的名额，允许在中国银行兑换的限额外汇。问一下在铁栏杆外面叫卖的小贩，回道公仔面（泡面）陆纹（六元）港纸一"杯"、矿泉水一纹，嚯！这岂非一笔巨款？要干掉我十分之一的财产？硬了头皮要了一"杯"。女儿吃了、喝了，安静下来，我自己咬牙饿着。

大约等了五个小时，听到叫一个名字，我回头看看周围没有人答应，再仔细分辨，猜大概就是叫我了，广东话的发音，完全不一样。我过去看了那张纸，是我填的表格，那就是叫我了，于是被带进一间小房间。

一个制服男，说的话我一句听不懂，勉强答应着，又一张表格，字都认得。上面除了一般个人资料，还有一栏，参没参加过共产党和法西斯一类的组织。呵呵这英国殖民地，居然把共产党和法西斯组织并列。

制服男继续用广东话发问，依然是鸡同鸭讲。我吃累地听，辨别蒙对了一些。比如问我是不是共产党员、当没有当过解放军、做没有做过政府官员之类的问题。还要做一个发誓仪式，按照一张纸上印好的誓词，发誓我所讲的都是事实，没有撒谎，否则会受到法律惩罚云云，之后在所谓宣誓纸上签名。

最后，他发给我一个临时居住的纸质文件。一看，我的名字的拼音成为三个 K 字打头的字组，计冠光打成 Kai Kwun Kwong。我有点吃惊，跟他交涉，要求他改为我叔叔按照美国发音的 G 字打头的姓氏。他不理我，又要求按照用通行证上的汉语拼音 J 字打头的姓氏，他仍然不理我，就说，你来香港就要按照香港的规定，否则你现在回去还来得及。

许多人问过我同样的问题，就是我为什么在海外用 KK 作为英文名。现在可以知道了吧。如果按照港英当局给我起的名字，是三个 K 打头。稍微读过几年书的朋友，一定知道，三个 K，在美国代表了什么。那是一个被美国政府取缔的一个恐怖种族主义组织三 K 党的简称。这个组织在美国是跟纳粹、法西斯、共产党等放在一起对待的。因此我只好用两个 K（KK）作为我的英文名字，这样又顺口又简单。

从早晨一早到香港"人民入境事务处"到入境手续结束，大约经过了六、七个小时个等待，终于可以进入香港了。被告知，搭一个电气化火车可以到达九龙。看了一下路线图，我的目的地在新界沙田。去买火车票，不记得多少钱一张了，总之又从所剩的六十三元港币里面花去一大截，口袋里的港币所剩无几了，在猜想剩下了的钱，是不是够下火车之后到姐姐给我的住址那里的车资？

呵呵，那年头咱祖国的外汇管理还真算得准确，一个出境的人员可以拥有的外汇，恰好够（也许不够）到投亲靠友的地点。

上了火车，还很空，找位置坐下来，女儿紧紧地靠在我身边。

一会一个涂脂抹粉的年轻女子过来坐在我们对面的座位，坐下后，把高跟鞋一脱，斜靠着望了望我们，又把脸扭到右边，看着窗外。

火车启动，女儿在我身旁越缩越紧，在我耳边悄悄问："爸爸，这是不是一个女特务啊？"我打量了一眼，长波浪的卷发，粉红的胭脂，大红的口红，合身的衣衫，看上去还蛮漂亮的。我悄声说："别乱说！"

如今想想，我们父女，见一位打扮入时的女子竟如此惊讶，孩子还把人家当成女特务。头脑已经被洗成什么样子了。我们将怎么适应如此不同的环境？

火车到了沙田，是我大姐约定的地方。下了车，四顾茫茫，不知怎么办好。大姐给过地址，但不知道该坐什么车。一位出租司机来问要不要打车，想给他地址应该送到，但一想，口袋里的港币，怕根本就不够车钱。

看到车站一家小杂货店里有一部电话机，便向店主要求用一下电话，店主欣然同意，便给大姐拨了个电话，通了，大姐说你们在车站不要动，她们马上来接，这才放下心来。问店主需要多少电话费，店主说不要钱。

大姐就要来接的信息，以及店主和颜悦色的态度，令在"人民入境事务处"的不快，和在火车上的紧张情绪被打消了不少。

不一会大姐和姐夫到了，搭了一辆出租离开沙田车站，驶往大姐家里。

2018年7月18日于维罗纳自寓小楼
2020年8月8日修订

（二）好在没有做"苦力"

到大姐的居所，先是见到久别的母亲和病中的父亲。见到儿子和孙女居然能够顺利到达香港，父母心中不知到有多么高兴。

母亲和父亲是先两年来到香港，准备办理到美国去的签证，那时候中美尚未建立外交关系，更没有建立领事关系，中华人民共和国公民去美国的旅行签证和移民，都到美国驻香港领事馆办理。

父母来到香港，之前父亲被检查出胃癌晚期，医生的结论是放弃治疗。因此对于父亲的出国，家人都是反对的，但父亲自己坚决要实现出国的意愿，他嘴上不说，心里却有一个大计划，于是还是毅然出国了。

奇怪的是，父亲的胃癌在到香港之后居然慢慢消失了一切症状，最后居然成为一块"钙化"的小固体，成为对身体没有什么妨碍的一部分。后来比医生判断的生存时间多出了整整二十年，而且父亲的去世另有原因，跟癌症毫无关系。这是后话，留待后述。

如今二十一世纪二十年代，出入香港，已经成为普通老百姓的家常便饭，何曾会想到在上世纪七、八十年代，通过合法出境到香港，是一件多么不容易的事情？我父母对于我能带一个孩子顺利出境到香港，自然是喜出望外。

我在大姐家住了一天，就进入了1981年了。大姐跟我谈的第一句话就是，你来晚了，香港已经走到了末路，没有太多机会了。

是的，那时香港已经流传出关于中国政府要在新界租给英国九十九年到期的一九九七年，把租给英国的新界、九龙连同被割让的香港岛一并收回的消息，香港人心惶惶。

为此，上世纪八十年代初的香港，经历了前所未有的波动。

有钱人都在谈论移民，有点积蓄的在市场抢购东西，穷人在想香港变成社会主义之后会怎么得一点好处。稍微有一点小道消息，风吹草动，就会引起社会波动。

记得最清楚最奇葩的是，一次不知什么小道消息，引起市民疯狂抢购草纸（卫生纸），全香港大小商场、店铺，凡有草纸的都被一卖而空。街上的车、人，都装着、扛着一大包一大包的草纸，东来西往、川流不息，真是蔚为奇观。

大姐关于香港末日的说法，显然代表了当时香港大多数人的想法，并非空穴来风。这个状况，对于我一个刚刚踏上这块陌生土地的人来说，全然不知道该怎么办？

到香港时已经过了而立之年，在过去的三十多年中，就从来没有过独立思考自己的事业和人生。因为一切都由一个强大的力量在安排、操纵着，不容你自己有丝毫的计划、盘算和行动。

到香港这样一个绝然不同的环境，显然傻了！

大姐谈论的第二件事是找工作。

自己姐姐，不绕弯子，直接说："你这样的，到香港只能做'地盘工'！"

自觉中文还算有点基础，便问："当个语文老师不行吗？"大姐说："香港根本不承认大陆的文凭，况且老师也是要考试通过获得有关证书才行。你连个广东话都听不懂，更不会说，就别异想天开了。"

在去香港之前曾经憧憬过的场景，被大姐一瓢冷水给浇懵了。"地盘工"，地盘工不就是在建筑工地上搬砖头、和水泥的苦力吗？

大姐买了几份报纸，上面登满招工广告。最多的广告是"指压"（按摩）、"地盘"。

突然发现了几个招聘"电镀、冲压"熟练工的广告。跟姐姐说，在青岛的工厂就是"冲压、电镀"做自行车零件的啊！不妨试一试吧！找了一家在葵涌某工业大厦里的工厂，姐姐用广东话给老板打电话，对方说可以过来试一试。

于是，在到达香港的第六天，姐姐带着我去到这个在一栋工业大厦里，数以百计"袖珍作坊"式的工厂里的一家生产"表带"配件的工厂。老板简单问过几句，就说一天70元港币，愿意干就留下。

我一听，喜出望外，呵呵，70元！那时黑市兑换，港币比人民币还高出一点。70元一天的工资比在国内一个月的工资还多，自然欣而答应留下工作。

在青岛时，负责过工厂里冲压和电镀的技术改造，因此非常容易就上手，就开始在这家工厂里工作了。

心里庆幸，好在没有到"地盘"上做苦力呢！

2018年7月19日于维罗纳自寓小楼

2020年8月9日修订

（三）你们大陆不是学雷锋吗

　　上世纪整个七十年代、八十年代是亚洲四小龙从冲刺到形成的年代。

　　那时候的香港有三大经济支柱，纺织业（其实主要是成衣）、转口贸易（主要是做大陆进出口贸易的跳板）和金融业（号称自由港货币自由兑换）。八十年代开始，已经形成亚洲四小龙的地位。

　　其他小工业，如我进入的这家做表带的小工厂，大多为其他地区成品做配件的。所谓"表带"只是用小型冲床和成型机械制成零配件，再把零配件经过电镀，就出货到别的地方去安装成表带。而安装成的表带会运到世界各地制造手表的地方。其中包括像瑞士这样生产手表的国家。

　　一个工业大厦十几二十层，里面几十上百家"迷你"工厂，每个工厂只有几个工人，通常老板接到"订单"，自己也参加到生产中去。香港人给这种工厂起了一个名字叫"山寨厂"。

　　住的地方是一个"屋村"。"屋村"者，几栋（或几十栋）住宅大楼，围成一个区域，底层是商业裙房，从菜场到超市，生活日用应有尽有。一般情况不需要离开"屋村"，就能得到一切生活用品。

　　为了办理身份，需要拍照，就在屋村的照相馆拍证件照。照相馆老板健谈，因此就攀谈起来。

　　老板原来在国内是一位小学教师，饥饿年代趁"大逃港"潮逃到香港，改名换姓在香港混成一个照相馆老板，在九龙尖沙咀有自己的房子。都知道香港房价高，在尖沙咀有一套属于自己产权的房子，俨然一个中产阶级了。

谈话中,老板知道我的工作内容和日工资,告诉我这个工资太低,这是欺负你刚刚到香港什么也不懂,教我怎样通过"跳槽"来取得工资最大化。

一个星期后,我在报纸广告上看到也是一个表带厂,招聘"厂长",我决心试一试。语言不行,就索性直接上门面谈。嘴巴沟通不了,就用笔。果然这个老板答应每天90元工资,职务"厂长"。

这是我的第二份工,工资每天多了20元,干的活依然是冲压、电镀为主,但因为是"厂长"反而额外多了许多杂七杂八的工作,甚至连打扫卫生都要做。几天之后,看出点门道,原来"厂长"是勤杂工的代名词,所以没人愿意做这个"厂长"。

如果你看过早期香港电影,有一个小学生跟同学说他爸爸是"站长",后来同学发现他爸爸原来是在某一个巴士站上负责拥挤时推人挤上车的"站长",被同学嘲笑说你爸爸是在巴士站罚站的"站长"。是的,我担任的所谓"厂长",也就是被"罚站"的站长这一类。

大约两个星期,跟厂里其他的工人熟了,大家闲谈,一个工人悄悄告诉我,以我的技术,90元太少了,应该每天150元。

这样的差距,我知道了心里难以承受,早就忘了跟在国内时的工资比较。于是咬了咬牙,硬着头皮找老板,说听别人说(当然指已经了解的香港的行情,不能出卖工友),我这样的技术,每天90元太少了,要求老板按行情增加。没想到老板一口答应,把日工资加到每天120元。我这才知道工友所言不虚。

又干了两个星期,工友还老是嘀咕说老板黑心,你的工资还是太少了。况且与工友相比,确实是少了许多。工友说,老板再不加,你应该跳槽。

行情的比较，利益的诱惑，和第一次要求的顺利达到，都令我鼓起勇气再次找老板要求加工资。

敲了办公室的门，老板问何事，我说明来意，等老板的回答，老板说出了一句我意想不到的话。老板说，你们大陆不是"学雷锋"吗？你也要学一点雷锋么，要想想怎么为工厂多做一点贡献么。他这样一说，令我惊讶得瞠目结舌，一个私人老板居然跟我说起学雷锋起来了。这次谈话不得要领，我悻悻而退。

回来我跟工友说，工友问什么叫雷锋？我鸡同鸭讲地解释了半天，工友还是不明白什么叫雷锋。估计他们就算是明白了雷锋是怎么一回事儿，也只当是一个笑话的吧？

这个工厂有一位年轻司机，专责跑运输，是一位印尼华侨。他悄悄告诉我，他知道一家机械厂招工，像我这样的技术一定会被聘用。一看那家工厂离开居住地近，就决定去试试。他抽空开车送我去应聘。我告诉了在国内的工作背景，老板欣然答应留用，并且第一月先按每月 4000 元，一个月后如果留用，加到每月 4500 元。这大概是在到达香港一个半月之后。

这个机械厂也是一个山寨厂，连我一共六个员工（有一阵太忙，增加到八人）。其中一个是"厂长"，他负责提供图纸和协调生产管理。其余连我五（或七人）人都是做各个环节的工作。

开始工作俺才知道这是要在一年之内完成三条彩电生产线的传送带系统，是为国内海南、广西和陕西某地提供的。

简单说，做成一些铁架子，装上一些电机、变速箱、齿轮等，带动皮带转动，在一个组装彩色电视机的车间里面，令彩电零件在上面传送，供坐在传送带旁的工人去组装。

我的工作将使用不同的机床（车床、铣床、刨床、钻床等），之后电焊、打磨、喷漆等都要做。好在在青岛都干过这些，因此不但难不倒我，干起来还得心应手。由于赶工，需要常常加班，几乎天天做到 12 小时以上。当然加班是给加班费的，八小时以外的加班，按正常工资一倍半给加班费。

这样的有薪加班，对于我这样一个刚刚到香港，一无所有的、急着赚一点钱的人，何乐不为。

2018 年 7 月 20 日于维罗纳自寓小楼

2020 年 8 月 9 日修订

（四）头发上的油漆都没有干

暂时稳定的生活就从此开始。每天早九晚五，再加四个小时的班，连头到尾13、14个小时在外面，回来灰头土脸地吃一口，洗一洗倒头就睡，有时候连粘在身上或头发上的油漆都没洗掉。

满脑子都是危机感，香港的工作职位可不是铁饭碗，随时有被"炒鱿鱼"（解雇）的可能。

香港的房子之贵众所周知，几时可以攒起钱来供一个居所。香港的税对于一个在国内没有缴税概念的人来说是一个心疼的损失。这样一个号称购物天堂的消费，对于一个在国内习惯于物价平抑、一切节俭的"屌丝"来说，不蒂陷入一场困境。手里捏着的每一分钱，都燃烧着身体的热度。

初初，大姐姐夫领我们出街逛逛，走过一个大门的门口，看见两位女士穿着耀眼的旗袍，站立门口两边，紧身的旗袍开衩开到腰部，半个屁股几乎裸露出来。我问大姐，这种是什么地方，大姐说这是饭店啊，门口的是迎宾小姐啊，有什么好奇怪的。

总之刚刚到香港一切与内地截然不同，看到的一切都不顺眼。五彩斑斓的霓虹灯整日整夜地闪耀；左边行驶的车辆；随时发生震耳欲聋的警笛；拥挤不堪的马路；狭小的各种空间；气味难闻的菜市场；满街招摇过市像猫一样大的老鼠，整晚不得安宁的嘈杂声。形成了一个魑魅魍魉的世界，潮湿闷热的空气难以呼吸。

于是怀念青岛，怀念青岛的蓝天、怀念青岛的海山、怀念青岛的绿树、怀念青岛的红瓦、怀念青岛的亲人、怀念青岛的同事朋友，用在青岛的日子对比初到香港的日子，日复一日深陷在这种怀念对比情绪之中。

孩子送在一个私立小学读书，孩子是乖的，读书很自觉，功课也是名列前茅，爷爷奶奶姑姑姑父也很爱护她。只是我这个父亲除了星期天之外，平时连孩子面都见不着。因此星期天休息，就尽量带孩子上街看看。

姑姑、姑父早已带孩子品尝过美帝饮食文化标配的麦当劳。孩子被麦当劳吸引，于是买一份汉堡和一瓶可乐满足孩子这种极低的要求，自己吃自制的三文治和白开水。

有一天，不记得什么原因（或许是父母和姐姐出外有事）只有孩子在家，这本来是常有的事。但那天孩子躲在卫生间哭泣，感到蹊跷，便问发生什么，孩子不答。再追问之下，孩子说，看到爸爸这么累，我想帮忙，但什么也帮不上，心里难受。我震撼了，相信是孩子的心里话，但也猜想到孩子其实一样有对于家乡青岛的怀念、对母亲和妹妹的怀念、对同学玩伴的怀念。

父亲的身体日益见好，原来的一个绝症诊断，随着时日竟然逐渐痊愈。我在另一篇《半个世纪的友情》的文字中有记载，如下：

（我广西的医生朋友）历史的吊诡又在于，看似恶劣的环境，又为他创造除了西医之外，有机会采纳"中"医、"壮"医、"苗"医、"瑶"医等医道和草药精华的条件。把这些医学精华结合得天衣无缝，成为可能仅独此一家的医术。

七十年代末，家父胃癌晚期，上海和香港的医院毫不留情地宣布死刑，我把家父的症状写在信里告诉他，他开了方子、配好药，大姐到广西，把药带到香港给家父服用，一段时间，家父的症状缓解。更神奇的是胃里的那个恶性怪物缩小、钙化，竟至痊愈。

我找到柳州说，你的药治好了我父亲的晚期癌症，应该。我没说完，被他打断。他说我从中医对症下药的角度辨证施治，并不能说是针对恶性肿瘤的，这不能成为医治癌症的特效药物，何况你父亲只是一个特别案例，不具有普遍性。这样严谨的态度，比起如今动不动就包治百病泛滥于社会的假药，和那些欺世盗名江湖骗子的黄绿医生，怎样？"

而这件事，对于虔诚基督徒的父母来说，这是一个神迹。

现在内地去香港已经是家常便饭，而且是带着大笔钞票在香港尽情消费，因此不会有俺一样的感受。

一些内地大公司在香港的投资和上市，其规模和财力远远超过香港自身经济体。

内地游客在香港出手阔绰，令香港市民咋舌。因此现在读到俺在上世纪八十年代初到香港的感觉，也许许多朋友会感到可笑吧。

2018 年 7 月 22 日于维罗纳自寓小楼
2020 年 8 月 9 日修订

（五）你们可以成立党支部了

回到打工的"山寨"工厂，聊聊工厂里的工友。

工厂里面通常六、七个人，一位经理，其他都是工友。除了一个从广州来的比我年轻，其他几个都比我年龄大。

经理自称是香港本地人，从他从来没有提起过在内地有什么亲人和从来没有关于内地的话题看出，应该是地道的香港本地人。

其余的，包括我自己都是从内地来的。

内地人到香港有几次高潮。

一次是抗日战争，香港还没有沦陷之前，内地许多沦陷区的人士逃到了香港，这算一次小高潮。

1949年中国解放前夕，一批资本家夹资产举家逃到香港。这次给香港带去了人才、资金和技术，这是第二次高潮。

第三次高潮是内地在1962年前后，所谓"三年自然灾害"期间，大批农民被饥饿所逼逃往香港。人数超过百万，是最大规模的一次，后被称为"大逃港"。这次给香港带去了大量廉价劳动力。

第四次是文化大革命动乱时期，陆续都有成批内地人士逃往香港。

我的工友中，除了我之外，其他几位多是在第三次逃港潮时逃过来的。

由于他们知道我是通过合法手续申请"单程证"到香港定居的，因此背地里都叫我"表叔"。

何为"表叔"？

在"文革"时期，有一齣京剧革命样板戏《红灯记》。由三个没有血缘关系的男女组成了一个祖孙三代的革命家庭。

由于家里常常有被热情接待的陌生人出现，这些人实际是共产党地下工作者。奶奶告诉孙女铁梅，称呼他们为"表叔"。铁梅问奶奶，我家怎么这么多"表叔"？奶奶说，咱家老姑奶奶多"表叔"就多呗！

这个典故，不知怎么就流传到香港，而香港对于能够通过合法手续申请到单程通行证到香港的，都怀疑是内地派去香港的共产党地下工作者。叫我"表叔"既有调侃的意思，也有怀疑的成分。

我的一些习惯也与他们不尽相同。香港有合法赌马，每天的报纸，其中有好几页的版面是关于赛马的各种消息，读者非常广泛，香港人称之为"刨马经"。几位工友，他们买了报纸，把除了"马经"之外的其他版面统统扔掉，只留下"马经"研究。

而我正相反，比较厌恶赌马。买一份报纸，把"马经"扔掉，留下其他版面阅读。在他们眼里，只有传说中的共产党员才会这么洁身自好，故他们在背后总认为我很可能是"表叔"一类的人物。

可见在那个年代，连在境外的人们，都会认为共产党应该是一些洁身自好的人士。试想如今，这些境外人士还会不会以同样的眼光来看待共产党员？谁来回答我的这个问题？

平时跟工友们彼此之间还是随便聊天的，聊天中我慢慢了解到工友们原来的身份。一个当过村长、一个当过解放军的连级干部、还有一个年龄大一点的是曾经参加过抗美援朝的志愿军战士，他们三人倒还都曾经是中国共产党党员。

也就是这三位，没事总要调侃我是"表叔"，虽然知道是调侃，但有时也不胜其烦。所以当我知道他们曾经的身份之后，我就反过来调侃他们，说按照中国共产党党章，你们三位可以成立支部了！这样反击过之后，他们对我的调侃也少了。

那位比较年轻的广州人，是在文革动乱期间偷渡到香港的，还是单身。没事就一天到晚说昨晚看什么什么"小"电影。他说，你要去看一定会爆血管！

原来那时香港电影虽然以色情和暴力为号召，但电影院毕竟有性和暴力尺度管制。而如雨后春笋的"录影厅"，却无时不在地放映那些大尺度的色情录像，由于在私人密闭空间，警方通常无法干预，因此吸引了不少观众。

还有一位，原来是"海员"，由于长年随船在外，顾不上照看妻子儿女，妻子跟人跑了。"海员"生活本来就极容易不检点，自己也常常寻花问柳，形成习惯。午餐休息时间，其他工友会一起到隔壁的小餐馆买一餐盒饭吃，这位"海员"却常常不见人影。午餐之后开工了，他姗姗来迟，悄悄说，刚才去"打了一炮"。

到香港才知道，香港法律是不容许"卖淫"，但在判定"卖淫"的律条里，却是说在同一个空间里，超过两个以上的以交易为目的的性关系，才算卖淫。因此香港就普遍出现了所谓"一楼一凤"这样的卖淫形式。就是一个妓女，在租用或拥有的一个空间里（比方说一间房间）接客。一个空间里面只有这一对男女在苟且，如果你抓不到交易（付钱）的证据，就没法判定为卖淫。如此，令香港的"一楼一凤"式的卖淫行业甚嚣尘上，长盛不衰。

初到香港，就是在这样环境里面工作，心里是很"憋屈"的，因此大约在到香港的半年左右，萌生了强烈的不如归去的念头。心里一直在纠结，这样坚持下去呢还是索性回到青岛？

但后来所经历的一件事情，令我感到更加"憋屈"，不但"憋屈"还感到震惊和愤怒！

此话留到后一篇再说吧。

2018 年 7 月 27 日于维罗纳自寓小楼
2020 年 8 月 9 日修订

（六）Made in Japan？

常常会被派去跟经理一起买材料，在香港的某个区域，都是卖各种工业材料的小商铺。

在出去买材料之前，老板都会叮咛一句必须买"日本制造"的材料。经常需要的材料是几种规格的方的、圆的铁管，各种大小的变速箱，各种大小的轴承等等。初初在挑选材料时，都特别仔细看清楚铭牌上的产地，当然，经常如此以后，材料行也知道准备什么样的材料。

生产每天在紧张的进行着，加班、加班、加班，终于第一套彩电生产线传送带完成，一件一件的分装件往大木箱里面装。

老板今天格外高兴，因为这意味着这部分订单完成交货。同时在封装木箱之前，货主会亲自来现场查看。

工人们继续在工作，一会老板陪着一男一女过来。将走近，一下子俺惊呆了！这男士不是人民共和国的WXQ部长吗？一样的面容，一样的发式，一样的龅牙，一样的高矮胖瘦，一样微驼的背，连说话的声音腔调也差不多。但再仔细端详，却不是，而是一个像极了的。

龅牙对我们都很客气地打招呼，道辛苦，还各发了一张名片，名片上的名字"W国主"，我注意到，这W姓不也跟部长一样吗？

他们说着话，老板自己赞赏着这批产品质量，货主也随和表示赞同，彼此对应着商业式的对话，谁也不会特别留意他们的对话的内容。

突然有一句话飘进我的耳朵，"你用的材料和配件是不是全部用的Made in Japan？千万不要用了Made in China的，否则被人看出来。"老板回答"你放心，绝对都是日本材料和配件！"俩人的口气十分暧昧，用一种生怕别人听到听懂的姿态说的，却不得不引起俺的注意。

俩人勾肩搭背地走了，都喜形于色。相信这套设备的完成，俩人都赚得盆满钵满。

他们走了以后，俺悄悄地问经理，这个人怎么跟XQ部长这么像？经理说，他就是部长的兄弟啊，他给了老板三套彩电生产线传送带的订单。

知道经理了解内情，俺继续问，为什么那么强调要用日本的材料和配件，用德国或欧洲的不好吗？经理悄悄说，他跟国内合同签的是从日本进口的设备，香港只是算转口。原来如此。

两三天，木箱全部装完，一个一个运走。过些日子，老板派了一个小胡子的香港本地人到海南岛去安装这条彩电生产线的传送带去了。

我们继续制造另两套"彩电生产线传送带"。一帮完全不是机械专业出身的人，有农民、有军人，有海员，有痞子，还有俺这样什么也不是的"三脚锚"，组成的一个队伍，居然可以制造出"Made in Japan"的彩电生产线传送带，进口到正在迫不及待发展的祖国。

想到此，俺更加"憋屈、郁闷"了！

祖国有那么多的机械工厂，有那么多的机械设备，有那么多的机械工程师，有那么多熟练的机械技师、工人。祖国有钢材，也生产变速箱、轴承，像如此不复杂的传送带设备，找个一般的机械厂就可以做出来的东西，居然由我们这样一个杂牌组合，还要冒充"日本制造"来糊弄祖国。

是谁有能力拿到这种订单？是谁敢于如此欺骗祖国？是谁做成这种生意而心安理得？

当我们看到今天在反腐风暴的洗礼中,一个一个的贪腐罪犯落马。追溯到上世纪六十年代的"走后门",八十年代的双轨制腐败,这些都是权力寻租,都有一个大家耳熟能详的原因,就是"权力滋生腐败,绝对的权力滋生绝对腐败!"。

现在大家都知道,并希望做到把"权力关进笼子",但是把权力关进一个什么样的笼子?怎么关?谁来关?谁来把门?

如今找到答案了没有?

2018年7月28日于维罗纳自寓小楼

（七）摇身一变"港澳同胞"

工作继续着，依然是每天的早九晚五和几小时的加班。

第二条"彩电生产线传送带"完成装箱，开始第三条的制造。

时间在脑后离去，转眼到达香港已经快一年。身体只是在"工业大厦"和"屋村"之间移动，偶尔去一些街道，也是"女人街"淘一些廉价的衣物日用品之类。

但是有一件事发生，将要改变我的人生轨迹。

按照当时的法律，在香港定居一年以上才可以获得"永久居民"身份。有了这个身份才可以领取"香港永久居民身份证"、才可以在离开香港之后再回到香港。随着到达香港一周年的即将来临，已经迫不及待地办理好"香港永久居民身份证"和"港澳同胞回乡证"。

这一天终于到了，带着女儿整装待发。

从香港北上回乡的人永远那么多。香港出境大厅之外永远是被铁栅栏圈住的人潮，曲曲折折的队伍被香港人称之为"蛇饼"。

过了关口，从深圳搭"长途汽车"到广州。在离开深圳时还要经过一个"特区"的关卡。深圳到广州沿路都在"开发"，行车非常困难。车颠颠簸簸地总算到了广州，算一下，花了11个小时。到广州排队买火车票，记不得花了多少时间。没有直达的班次，就买转站的。记得是郑州和济南转了两次才回到青岛。一路上的辛苦、兴奋、紧张、喜悦，这种混杂、交织、矛盾心情无以言表。

亲人之间久别重逢的喜悦自不用说，一身的时髦"洋气"的新装、墨镜、照相机、手表，引起了亲朋好友们极度的羡慕。

对于离乡背井而憋屈、郁闷的诉说，反馈的却是对收入和物质生活对比后的羡慕和赞扬。亲人朋友何曾知道那蜷缩在狭小空间、节衣缩食的日复一日。

朋友加亲友的滚动链接，终于被某种有权势地位的有关人士邀为座上宾，被热情地称呼为"港澳同胞"。在这仅仅离开一年的故乡，一个在异地最底层"山寨"工厂混口饭吃的"打工仔"，由于一点地域差别，摇身一变，成为家乡某些场合最受瞩目的贵宾。

这种变化，是一种什么样的时势，什么样的传统基因所生成的，是不是可以作为一个值得研究的课题？

当时在社会上有一个流行词叫"出口转内销"。起因是为了在国际市场竞争，国内加工出口的产品在设计、品质和装潢上的精工细作，大大超过只销国内的产品。而这类产品通过一些海外华人在国外购买带回给国内亲友，或通过当时特有的专卖给归国华侨或持有外汇人士的"友谊商店"售出，特别受老百姓追捧。

同时这种"出口转内销"的概念，又蔓延到某些新闻、某些消息方面。一些在国内不宜公开的新闻或消息，通过一份不是每个人可以阅读的《参考消息》上外电、外媒转播到国内，也成为老百姓乐意传播并特别信任的消息。

以至于就算是一个"人"，只要"出口"了再转回国内，也成了身份不同于国内老百姓，似乎高人一等的"海外人士"。不管这个人像我一样，只是在香港生存于最底层的打工仔，回国俨然成了被高看一眼的"港澳同胞"了。

这是我一直在思考的一个问题。从 1911 年 10 月 10 日推翻帝制的辛亥革命开始，中国人民一直在追求"人"的社会地位平等。但是从三千年之前，建立把人分成等级的社会制度开始，从孔子到董仲舒、朱熹，历史上大大小小的维护这种制度的统治者，和它们在理论界的帮凶所创造、实施、不断巩固的这套等级制度，时至今日的二十一世纪，在中国人民的头脑里面，是不是真的通过若干次武的或文的"革命"被革除了呢？满嘴倡导平等的某些人、某些利益集团的思想里、行动上，是否真正革除了把"人"分成等级这种极端反人类的理念了呢？

在一些"高等级"场合传杯换盏之后，一些"语重心长"的嘱托，无形中令人感到自我的价值的提升。隐约感到人的"地域身份"会带来人与人之间关系的转变，随之而来会带来某种利益上的机缘。

我想到了那位龅牙驼背部长兄弟的身影，他在国内应该是在任何场合都可以舞动长袖。

在内地的探亲很快结束。当初迫切回到家乡的情绪，被家乡物是人非的极速变化，以及令人困惑的身份的认同而打消得干干净净。接下来想到的是赶快回到香港，谋求探索另一条生存之路。

2018 年 7 月 31 日于匹兹堡女儿家
2020 年 8 月 11 日修订

（八）大姐浇了我一瓢冷水

回到香港，第一件事情就是找工作。其实在山寨厂打工的一年中，无时不在思考自己的出路。一个三十来岁的汉子，从而立到不惑的进程中，一个烂打工仔，立什么立？

定下一个底线，即使继续打工，下一步无论如何也要比前一步有所进步。在香港不断改换打工场所的，叫"跳草裙舞"。观察过，跳草裙舞的，极少有越跳越好的，多数是越跳越坏。因此决定，要么承受大一点的变化，要么把现在的事情做好。即使决心承受大的变化，也要把现在的事情做好，这两者之间没有冲突。

买一份报纸，看招工广告，有一家瑞典跨国公司招聘"中国贸易代表"，指明需要通"普通话"。这难得，立马拨通电话，约了一个"interview"（面试香港人叫"见工"）时间。

跟大姐说了，大姐给了一瓢冷水。说这种外国公司白领怎么会收你这样的人，想也别想。

按瑞典公司预约时间去了。到那儿一看，一大堆人，个个西装革履，青年才俊。一色儿的"占士邦"皮革箱，态度轩昂。夹着英语广东话谈笑风生，个个志在必得的样子。

见此状况，心里凉了半截。悔不听大姐的意见，到这里来要出丑了。

终于被叫到名字，进去没有谈话。只是被一位显然是接待的女孩子问会不会制图，并拿出一张画图纸要求绘一张机械图。在青岛管理机修车间时，常需要绘图，为此还上过电视大学，因此绘一张机械图，手到擒来。绘完交出，女孩子拿到一个小房间，过一会她出来跟我预约某日某时再来第二轮面试。

第二次，我被召唤到一个中国部经理的小房间，问题很简单。工作经历，在国内有没有熟人关系之类。我照实回答后就让我回家等候电话通知。

我回去跟大姐说了两次面试的情况，大姐告诉我，香港所有的招工，让你回去等电话，99%就意味着你落选了，要我赶紧再找一家公司求职，便又找了一家招工的机械厂，也预约了"见工"，并获得成功，说好下周开始到这家机械厂上班。

说归说，心里还抱着侥幸，盼望有奇迹发生。到那个星期六中午，一直没有电话，这时候心死了，感觉没指望了。因为当时香港是五天半工作制，星期六下午就是周末，星期六中午为止没有电话，一般就是不会再来电话了。

世界上常常发生想当然以外的事情。正当我对瑞典公司的求职完全失望，准备下星期去另一家机械厂上班。那个星期六下午两时，瑞典公司的小姐姐，来一个电话，告诉我，下星期一来公司接受最后一次面试。

这个突如其来的通知，令我又产生了希望。我大姐也感到非常意外，她都觉得这件事情有点匪夷所思。后来才知道，之所以公司小姐姐会拖到下午两点才来电话，是因为她同事约她出去一起午餐，差点忘记，等午餐结束才想起打这个电话。

这是一九八二年，中国改革开放的前哨深圳，已经开始大规模打破计划经济的陈规，开始摸索一套新的发展模式。与香港近水楼台的优势，对外经济往来，互通有无也很快发展起来。

精明的香港商人，迅速地把内地需要的物品，通过宽松的进口渠道推销到内地。香港突然之间扩大了对中国进出口货物的承载，许多香港公司纷纷进入中国内地寻找商机。

逐渐从一些与广东有千丝万缕亲属、乡土人事关系的中小企业，发展到外国在香港的公司和商业机构，都纷纷寻找与国内搭上生意关系。

随着中国改革开放的步伐进一步扩大和加快，中国沿海同时开放了五大经济特区，并陆续开放了更多的沿海城市。

除建立的经济特区之外，中国内地的许多大中城市也加快了经济建设的步伐。当时有一个叫"深圳速度"，震撼并带动了整个国家的经济发展大潮！

一时间"中国贸易代表""中国贸易主任"之类的招聘广告，一下子就占领了报纸招聘广告的极大版面。显示着香港跟国内的经济往来的规模越来越大，这就是我尝试换一种方式生存的外部动因。

我先对招聘广告作了一点分析。在报纸上登广告是要花钱的，广告的版面大小，和登载的时间长短，决定广告费用的多少。以广告版面的大小来判断公司的大小，这应该是一个大概率事件。再看广告的具体内容，明确指出产品和行业的，对于自己是否合适也是必须思考的因素。广告中指明地域的，尤其是局限在广东深圳一带的，肯定非我所选。

"丽都公司"就是其中登载广告版面比较大，而且产品、项目和地域等没有具体指向的一家跨国公司。

我毫无心理准备，但顺利地过了两关，在一个以为没有希望的星期六下午接到意外电话之后，心中的希望之火又重新燃起。

2020 年 8 月 17 日于匹兹堡自寓小楼

（九）只能说外交辞令

星期一，我按时到达"丽都"公司，在前台报了姓名，前台小姐姐笑容可掬端一杯茶，招呼坐下等候。

只一位英俊青年，也在我到达之前坐等，彼此寒暄，知道他毕业于香港大学商业专业，也是来作最后面试。

青年被先请进去，过了约半个小时他出来，对我笑笑，就走了。看他满面春风的神态，我想他应该对最后的面试感到满意。那么我的前景堪忧，因为这次只招一名"中国贸易代表"。

我先被带进秘书室，一位打扮时尚的女子问，会英语吗？老板是洋人需要英语交谈。我答不会，她说那我替你翻译。

所谓"老板"就是从瑞典派来的一个高个子北欧人，不苟言笑。

通过秘书翻译问了一些问题，从家庭情况到个人简历，和来应聘这份工作的理由等。我一一作答，并不复杂，很快就结束这场面试。

之后请我在外等候，只见秘书把中国部经理请入总经理办公室。过一会，秘书又把我带进总经理处。总经理起身过来握手，说欢迎你成为我的同事。意思就是这家公司所聘请的唯一"中国贸易代表"，录取了我这样一个"白丁"。

接下来需要签一份雇佣合同，在签这份合同之前的一段谈话，对我或者其他人都有一些参考意义。

总经理说，公司用一个月的时间，面试过 300 左右的人选，最后决定录取你。这个决定，也可能是他自己在聘用员工中结果最意外的一次。

他说我除了绘图有出色的表现，其他方面的表现可能是最差的，但是最后还是选择了我。他说这对他自己来说既是一个试探，也是一个突破。他说在跟我的谈话中，有两点理由令他作出现在这样的决定。

第一，他问，如果你获得这个职位，将怎样开展这个工作？

当时根本就答不出来。我只好反问，请问你这家公司是怎样的一家公司，产品在什么地方生产、质量是否优良，公司规模怎样？

见我反问，总经理滔滔不绝地介绍了自己的公司。

"丽都"公司是瑞典"Electricite"集团在香港的全资分公司。集团有八十多年历史，在全世界有500家分公司，员工超过十万。在瑞典排名在瑞典钢铁公司、沃尔沃汽车公司后面为第三大跨国公司，世界排名第二十位。是首个发明吸尘机并开始批量生产，现在扩大到各种家用电器和工商业用途的大型电器设备，产品质量世界一流。

总经理说完，我只说了一句：听你介绍贵公司是一家非常有实力的跨国公司，产品质量也是一流。我就是希望把这样的公司和产品介绍到中国去。

我自己知道，这完全是外交辞令式的空话，因为其他我一句也说不出来。

第二他问，你在国内有关系吗？都是什么样的关系？

我回答，当然在国内有关系，但我觉得你说的这种关系对你并不重要。

这个回答令他什么惊奇，就说在中国做生意关系很重要，你为什么说并不重要呢？

我回答，是的在中国要成功一件事人事关系是非常重要的，这是中国人文的特色。但你所说的"关系"，只是我个人现在具有那点关系，假定这些关系都利用完了会怎样呢？所以你需要的不应该只是现在有多少关系这样的人，而是需要一个在任何没有关系的情况下都可以搞到关系的人。这样的人必须对中国人文传统有深刻的了解，能很快摸透对手的心理，能很快跟对手建立关系，并且能说服对手接受你提供的信息。

说完这句话后，我也不知道从哪儿来的的自信，说了一句，我认为我就具备这样的素质！

总经理说，他听进去并明白这些话的含义了，而且印象很深。他说公司之前派人去中国内地，想打开局面，花了很多时间和费用，结果一无所获。看来就是完全不了解中国内地的状况，所以我们需要一个了解内地状况的人去开展工作。而你在这两个问题上的回答首先说明你并不只是为这个职位的一份报酬，同时具有对事业追求和对国家的责任感。其次你关于人事关系的认知，超过了包括我自己在内所有人，我希望能从你身上得到答案。

之后总经理让秘书拿出一份准备好的合同向我逐条解释，征求我的意见。合同很完善，很公平，我接受了。

合同条款，包括对我的报酬这一节也值得记述。

总经理问我家几口人？开支情况？房租多少？是否赡养父母等……。

之后写了一个数，说这个数就是你现在的月工资，足够你的生活开支。根据你的工作成绩，月工资会逐步增加。

给一个全年完成的指标，第一年尽可能完成。为能多得到一些报酬，设立一个佣金比例，第一年的拥金比例比较高，逐年会降低这个比例，随着逐年完成指标的提高，佣金绝对值只会增加。

最后因为工作需要经常出差，设一个出差经费额度任你自己支配，需要时到财务部支取就可。

这部分基本上全部为你想好了，没有任何讨价还价的必要，也不需要像表带厂老板说的"雷锋精神"。周全的生活开支安排，再加上多点努力，在收入方面应该有一个比较满意的状况。

我毫不犹豫地签了合同。

从总经理办公室出来，满心欢喜。秘书给了一张支票，说这是公司提供，要求每天穿西装和深色皮鞋上班，回去置办一下吧。是的，我那时候的穿着，完全不像是他们公司的员工，让人一看就是一个"山寨厂"出来的打工仔。

部门经理带我对所有员工作了一番介绍，大家鼓掌握手致意，展现的是特别热情和诚恳态度，我如飘忽梦境之中。回味同事的态度中，微微流露了一丝同情和诧异的感觉，使我百味杂陈。

回去跟大家说了，大姐是最感到诧异的。说你这是中了状元？说人家来香港多久，都熬不到一个跨国公司白领，你连广东话都没有全听懂，英文一句也不会讲，没有任何做生意的经验，居然从三百个人中脱颖而出，这真是匪夷所思。看着我手里的合同和那张支票，也只能相信。

晚上立马带我去百货商店买一身西装和衬衣领带皮鞋什么的。这是我平生第一次有一身西装革履。

心里想这算不算是一个华丽的转身？但往后的日子怎么过，夸下的那个"在没有关系情况下可以搞到关系"的海口，变成了心中一块巨大的石头，沉重…沉重…沉重…。

2020 年 8 月 18 日于匹兹堡自寓小楼

（十）找到掏钱的主

到"丽都"这样一家跨国公司上班，比起公司的其他同事，我就是一个初入城市的乡巴佬，什么也不懂。

前台小姐协助安排一切，非常耐心，体贴周到，没有丝毫轻视的感觉。

先熟业务，对于所有销售的产品逐个了解，大部分是英文资料，有一位专职英文翻译，随时协助。我这个部门的设备销售对象主要是楼、堂、馆、所的厨房、洗衣房的电器系统设备。

几天后从瑞典总部派来一位工程师来培训，让我了解对设备系统的配置和应用设计。公司要求，一个销售人员必须对所销售的商品的品种、性能、质量、系统设计和与世界其他同类产品的比较，搞得一清二楚。要求不但具备商品销售能力，还要具备对用户需求的规划、设计、施工、安装方面的技术。做到可以当场解决从销售到服务的所有问题。

从后来的实践过程，才真的知道要求一个"贸易代表"具备这些技能的必要性。比起一个只靠卖嘴皮子的推销员，达到的效果是完全不一样的，这是后话。

培训过程同时需要思考怎么开展自己具体业务。从哪儿打开缺口？我的工作场所将会是在国内各地的在建项目，不是在公司的办公室里。培训结束，我就会立即进入国内去展开我的业务。

当年正值国内改革开放初期，遍地在发展建设。有人形容过，整个中国像是一个大工地，到处有楼堂馆所等项目在建设中。

当时中国经过三十多年的锁国，尤其是经过十年动乱的文化大革命，经济落后，物资缺乏。一下子扩大建设规模，需要进口的物资特别多，这样长期开放的一个自由港的香港，成了国内需求物资的重要中转渠道。

我前面说过，用一点日本材料在香港拼凑的简单设备，就可以冒充日本制造去糊弄国内，当时香港许多公司就是用这种方式跟国内做生意。而国内正缺乏辨别进口产品优劣真假的经验和能力，介绍优质产品进口国内是一件迫不及待的事情。

我就要开始属于自己的业务，进入国内开展工作。第一步做什么呢？没有任何经验，也没有前任成功的范例。好吧，先了解情况，于是我就毅然回内地了解情况和找项目去了。

眼睁睁看着一个个高耸的塔吊，一片片挖开的土地，遍地都是项目。但怎么才知道这些项目的具体状况呢，通过什么机构、公司和什么人才能搭上话，怎么才能了解到具体实在的情况呢？

于是先跑项目审批机构，再跑设计院，很快就把该了解的项目资料都了解清楚了。对于项目的地点、规模、投资方（真正掏钱的主）、主办单位、电话、负责人等，一个一个地搞得一清二楚。这个城市跑完，再跑另外一个城市。一连跑了七个月，几乎跑遍了东南半壁的几十个城市。仅北京和上海两地，就了解了超过200个项目。

在跑的过程中，结识了人事，给项目的有关负责人、专业人士提供了对他们有用的资料，同时完成了一圈"宣传"。

收集来的项目资料，在投资、设计要求、进度都不相同，按照这些资料作一些分类研究，决定从哪里着手打开局面。然后日以继夜的做产品和系统介绍、商业谈判、设计、报价、讨价还价等一系列的具体工作。很幸运，进入公司第七个月，就在杭州的一个项目实现成功拿下第一单生意，而且这单生意额度一下子就超额完成了全年的指标。

第一单生意的成功,好像打开了一扇门,为以后一单一单生意的成功,树立了极大的信心。

让起初所收集到资料里的项目尽可能成为更多生意,公司又增添了人手,划分地区由专人负责,我因此获得"营业主任"的职称。

公司的国内市场业务,在几位同事的共同努力下,逐步打开了局面,业绩蒸蒸日上。由于我们项目部门的成功,也使得其他产品部门紧随其后取得成绩。

生意上的事琐琐碎碎,无法一一道来,有一些记忆比较深刻的事件,可以反映那个时代的一些面貌,放在后面逐一叙述。

2020 年 8 月 20 日于匹兹堡自寓小楼

（十一）反而被批评

香港地理大致分三个部分，港岛（岛）、九龙（半岛）和新界（与大陆连着的腹地）。新界与深圳，一河之隔。

我住在新界的沙田，"丽都公司"在香港岛的南端，叫"黄竹坑"。从沙田住所先搭巴士到沙田火车站，搭一段火车到九龙半岛的九龙塘，在九龙塘再换巴士可以直达黄竹坑，中间要穿行分隔九龙半岛和香港岛的海底隧道，以及阻断香港岛北部和岛南部的山体隧道，单程需要一个半小时或者两个小时。

香港的天气酷热，80年代初香港的双层巴士没有空调，上下班高峰时，车也拥挤。每天上班出行，只有一小段火车才能享受一点空调，巴士里面闷热难耐。开始西装领带，一本正经装成"绅士"模样，汗流浃背也巍然不动。后来找到窍门，宁愿下一班车，先上，抢到上层最前排，打开窗，车开起来有风，再把外衣脱掉，领带解开，等到公司前再重整衣衫。

说到着装，公司有严格规定，星期一至五，必须西装革履，这皮鞋还必须深色的，不可以穿浅色皮鞋。有一位广州来的青年，穿过两次白皮鞋，皆被警告。后来又穿一次，竟被辞退。

香港当时实行一周五天半工作制，星期六下午才是周末。那一天可穿轻松衣衫来公司上班，到那一天公司内变得五彩斑斓的。

着装，看来是一件无关紧要的事，却这也是对自由的一点约束。上帝创造亚当夏娃之后，给他们充分的自由，伊甸园里应有尽有，可以随意取用，只规定其中一棵树的果子绝对不能吃。这不是上帝小气,是"契约精神",是彼此之间必须遵守的约束。不管你信不信,这个社会就是需要有这样的"契约精神"来约束人(或任何关系之间)的行为。这种约束经过时间的洗礼,会从必然王国走向自然王国,人们对于各种场合着装的自我要求,不就是这么来的吗?

公司有一些规定属于树立公司形象的,比如出差要住当地等级最高的酒店,那时候国内涉外酒店很少有高等级的。中国国际旅行社属下的酒店就算最好的了,勉强达到目前的三星级吧。后来北京、上海、广州、深圳等地出现了一批四、五星级酒店,出差的住宿条件算是提高了不少。

有一次在天津完成任务要转到青岛,当时天津去青岛的航班不是每天都有,如果在天津等候需要时日。因此有两个选择,一是从天津到北京,再从北京飞青岛。查了一下航班,也需要耽误两到三天。另一个选择就是坐火车去青岛,从济南转车可达。我决定坐火车去青岛,只能买到一张无座位票,挤进连通道都走不过去的车厢,跟人几乎脸贴着脸。

现在坐惯高铁的年轻人,很少能体会当时坐火车的滋味。改革开放全国都活起来了,但交通运输极大滞后,远远赶不上人们出行的需求。能够挤上一列火车,就算万幸。

火车行进得很慢,站着几百公里也够累的,但无论如何把我送到济南站。又遇到了问题,从济南到青岛的车票依然买不到,又不想在济南逗留,干脆又回到站台里面,打听清楚了去青岛的车次,在站台等候,几个小时后,先上了车,然后找车长补票。由于用的是"外汇券",加上我说从天津过来,车长十分帮忙,居然给了一个"软卧"。那时候的火车"软卧"是要有一定等级"级别"的人才能享受的。

到达青岛一算,路上前后也用了两天时间。进酒店赶紧用长途电话跟公司联系,报告行程和平安,说了坐火车的艰苦。原以为上司会因为我赶时间挤火车能称赞几句,没想到非但没有得到称赞,反而被批评了几句,并告诉我,以后买不到机票,宁愿留在原地,不要再冒险挤火车。公司对员工的出行安全虽然买了保险,但万一出点什么事,首先对你自己、家庭和公司都会蒙受损失。这是公司规定,以后再不要这样做。

原来上司曾打电话到天津找我,天津方面告诉他我已经坐火车走了,加上路途的时间很长,一时联系不上,他担心了。

须知那时候连一个像砖头一样大的"大哥大"电话还没有出现,长途电话也靠电话局接线员协助接通,出差时联络只有在酒店才能通过总机接线员协助接通长途电话。哪像现在,人人有手机,随时可以联络,有多方便!

2020 年 8 月 24 日于匹兹堡自寓小楼

（十二）一年上下108次飞机

从一件成功的项目说起。

无锡正在建设一家五星级饭店，作了初步了解，并约定参与洗衣房和餐厅的设计和投标。

根据约定的时间，我从香港直飞上海虹桥机场，由饭店筹建处工程部的车直接到虹桥机场接我去无锡。

那天登机之前，不知道是吃了什么不洁食物，肚子忽然激烈地痛起来。人已经在机场了，只好硬着头皮登机。在飞机上只不到三小时的时间，居然上了16次卫生间，连空姐也担心起来。

终于熬到了飞机落地，那时已经接近午夜时分，肚子虽然依然绞痛，但已经无可泄之物，然而一张惨白的脸色把无锡来接机的朋友吓一跳，打算就近送我去医院。我问了从虹桥机场到无锡需要多少时间，司机先生说晚上路上比较畅通不会超过三个小时，我就说到无锡再去医院急诊吧。

在车上迷迷糊糊地坚持着，车子直接把我送进了医院，医院按照症状给我打上了点滴输液，药到病除，慢慢地感觉好了很多。

天明，大饭店工程部的人来看望我，说这个项目已经有几家公司来参与设计和估价，如果我的身体不允许，不参加这个项目也可以，我一口回绝。我提出到下榻的招待所继续治疗，请把工程平面图交给我，我就在无锡做设计和估价。在我坚持下，他们同意了，于是我从医院搬到招待所，一边治疗一边工作。

这个工程由日本资金投资，酒店的配置在顶层有一个豪华的日本铁板烧餐厅。参与投标的几家公司里，还包括了一家日本公司。他们拿到标书后，都返回香港或者回到自己的公司所在地，交由公司有关部门设计和估价。唯有我就留在无锡，现场作设计和估价。

在招待所花了四天四夜，没有迈出房间一步，连饮食也是请服务员代为安排。初步完成了设计和估价，那时候身体也基本复原。

这时到工程现场观测和跟主管工程的设计院，以及与餐厅相关的煤气电力等部门协调系统的匹配等问题。然后再对设计和估价作出修改，大约总共用了两周时间，就向项目工程部提交了全套设计和估价。而其他公司承诺在一个月后回标。

有一个关键问题，如果解决不好，任何一家非日本的公司是很难得到这个项目的。就是顶楼的豪华日本铁板烧餐厅。工程部中方的工程师曾经提醒过，这是日本投资的项目，将来管理也会由日本酒店管理集团负责。日本铁板烧是这家酒店餐饮的特色，如果在设计上达不到日方的要求，就很难得到这个餐饮方面的工程。

因为前期在对国内数百个工程做过调查研究，这个工程的情况也是在掌握之中。在到无锡参加投标之前，我天天在香港的各个高级日本料理轮流着用餐，反正自己非常喜欢品尝日本料理的"刺身"（杀夕谜 Sashimi）。一边用餐一边观察，也与服务人员交谈，对于"铁板烧"餐厅的各方面情况有了更多的了解。当然从公司资料中了解过去成功的案例也是必不可少。

在设计过程中，基本上做到了胸有成竹，更重要的是我在无锡可以多次出入现场来审核自己设计不足或偏差。

还有一个重要因素是，跟主管工程的设计院、煤气公司、电力公司等多次协调，把进口设备与国内标准可能发生不匹配的隐患都事先做好解决方案。

一个业务员把设计拿回数千里之外，交给一个连现场是什么样子都不知道的人，只能按照图纸设计，是避免不了误差、瑕疵和与当地特别情况的匹配问题。

对于进公司时，接受培训要掌握对项目的系统设计能力这一点，是非常重要的。

讲这一些，应该知道结果是什么了。但当时在等待的过程，心中还是忐忑。一个日本料理餐厅，我的设计能被一个日本投资者相中吗？何况竞争者中还有一家日本公司。

是的，当其他公司交来回标不久，我就接到中标的通知。

后来知道，项目方面在接到我的回标之后，就基本认定不出意外我会中标，只是一定要等待其他公司回标作出比较公平的评判才可做出结论。

中方工程人员，还悄悄告诉我，不顾身体状况，坚持完成任务，还认真仔细地为一投标的项目做大量的施工过程中的预备工作，这样的态度也是取胜的因素。

他们哪里知道，那段时间我做过很多项目的设计，每天晚上趴在桌子上绘图，多数是两点以后才睡觉，有时候甚至干到黎明时分。打一个瞌睡，眯一会，淋个浴，精神抖擞地出门到项目处商谈业务去了。

当时我每次搭飞机，有留下登机牌的习惯，自己在登机牌上写项目名称，这样可以记得都去过什么地方，联络了那些项目。最多一年的登机牌是 108 张，显示我一年中，上下过 108 次飞机。

记得很多谈判干脆约在机场，在候机的几个小时里，把需要谈的事情谈完，接着又上另一个航班，去另一个地方。

2020 年 8 月 23 日于匹兹堡自寓小楼

（十三）呆站在舞池中心

自知以各方面的劣势进入一家跨国公司，只有努力边学边做，以十分认真的态度潜心投入每一件工作。加上国内养成的语言谨慎，在公司尽量姿态拘谨，不拘言笑。香港这样一个思想相对开放的地方，很快就被年轻同事视为"古板"。

首次参加公司在广州的一个专业的国际商品展，中国项目部门是公司主要展台。一组人服务于展台前，面对潜在客户和参观者，经过大家的努力，取得颇好成绩。

由公司安排，大家都住在新建不久的广州的五星级"中国大酒店"。正逢周末，香港青年同事纷纷来广州"蹲"玩。总经理见状，星期六当晚索性包下酒店"迪斯科"舞厅，供全体同事欢乐一番。

是日晚餐后，大家欢天喜地的去了"迪斯科"舞厅。我一乡巴佬，哪见过"迪斯科"？印象中"迪斯科"还是资本主义腐朽文化概念。决定不参与大家活动，留在房间整理白天收集的客户资料。

谁知过了一会，几个年轻同事来到房间，说公司请客，这么好的机会，你居然不去享受一番。把我死拽硬扯地拉到"迪斯科"舞厅，见大家在节奏强烈的音乐声中，扭动、扭动、扭动着。

我斟了一杯啤酒，一旁坐着慢慢品尝，看着这群年轻同事尽情、忘情地享受欢乐！

过一会，几位同事咬耳私语，之后走向我来，夺下我手中的酒杯，拉扯着把我扯到舞池中间，说，你坐着干吗？跟我们一起扭啊！于是他（她）们围着我站成一圈，扭啊扭。

我呆站在舞池中间，不知道怎么动作，身体是僵硬着的。

然而这时候大脑却强烈地转动起来。

在国内时，受尽了关于资本主义是如何腐朽的思想灌输。且不说理论方面，只说文化文艺活动方面，许许多多都认定是使人堕落的行为，包括这种"迪斯科"。

离开国内之前，自己对自己、许多"好心人"对自己再三提醒，到了香港不要被资本主义生活方式所侵蚀使自己堕落。因此平时依然保持自以为是的"非礼勿视、非礼勿想、非礼勿言、非礼勿用"的价值观。

但是看到在我身边几乎扭得忘情的同事，他（她）们都是非常优秀的人才，不论从学识、工作经验、待人接物都非常出色，这时沉浸在"迪斯科"的狂欢里，一点都没有被堕落的感觉啊！

我脑子如惊雷一轰，豁然开朗。堕落不堕落恰恰是对自己内心欲望的后果，怎么能怪罪到一件大家可以接受并从中享受快乐的行为上去呢？

当晚我虽然依然像一个傻瓜一样呆站在舞池中。但心中却豁然开朗，我是可以参与到大家一起欢乐的行动之中，这跟堕落不堕落没啥关系。

关于这个话题，许多年后还会提起，那是另一张场景，暂且不表。

尽管如此，除了公司安排的聚会，我依然不参加任何个人可以参加的娱乐活动，一是没有时间，二是其实也不感兴趣。

但又一次，就是前面提到的无锡酒店工程后期，为落实一些善后事宜到无锡，另一部门的同事也正在无锡。晚间无事，他们提出一起去唱卡拉OK。我虽然知道什么是卡拉OK，但因为自己绝不是能歌善舞的，因此从来也没有去过。既然有同事提议一起去，我也就答应去了。

听着同事们一只歌一只歌起劲地唱，开心得不得了，我只有欣赏的份。同事们不甘心，非要我点一只歌唱，我点了一只《月亮代表我的心》。这首在七十年代末，我叔叔从海外带来的音带中反复听过的歌，唱了。居然唱下来了，一头汗！这是第一次在"卡拉OK"唱歌。

说起卡拉OK，有一个小故事。

我女儿参加香港普通话朗诵比赛，得了少年组第一名，在领奖聚会时，认识了一些参加聚会的家长，其中多数是中国人，但也有日本人和韩国人。他们都有极好的中文，交谈之后大家成了一面之缘的朋友。

有一天那位日本朋友约我到他办事处去，原来他是日本兵库县驻香港商务办事处的负责人。兵库县包括大阪、神户、京都等重要城市，是日本重要的工业基地。这个办事处掌握了许多重要的商业资源。

交谈中，他介绍一种日本开始流行的新产品。电视中放出歌曲的旋律，屏幕下面有歌词的字幕随着旋律逐一打出，其实这就是上面说的卡拉OK。他给我介绍，卡拉OK，在日本就是不需要专门的乐队伴奏就OK的意思。

我已经懂得商品市场的运作，怎样打开局面和占领市场，优秀的推销策略和技巧是非常重要的。日本朋友看到我在公司的业绩，知道这件事可以托付给我。

但我没有接受，有两个原因，对我都很重要。

第一，有父亲的家训，不要跟日本人做生意。这是中国一代人的民族感情。我既承诺了父亲，就变成自己的理念。尽管从今时今日来看，这种理念是错误的，违背时代的发展，但我所受的教育是约束要实践自己对父亲承诺的。

这一点很多朋友曾评价为愚昧，因此丧失一个非常好的机会。但我觉得愚昧就愚昧吧，从未对此有过后悔。

第二，在瑞典公司，受到极好的对待，并且取得不错成绩。与公司互为正常的雇佣关系。不能轻易离开一个业绩和公司发展共同成长的公司，那样有损职业道德。

"跳槽"，在香港屡见不鲜。有各种原因，不必作旁观者的评价。但有一种人士到任何地方都不想通过努力改变自己的环境，而是通过"跳槽"来获得一时的利益。仔细观察，这种人多数到最后一事无成，变为职场的弃者。

2020 年 8 月 25 日于匹兹堡自寓小楼
是日农历七夕，为吾农历生日矣

（十四）法兰克福机场的一次谈话

随着公司在国内业绩的增长，并经常参加一些公开活动，公司知名度也逐渐提高。加之在当时国内市场参与竞争的同业中，"丽都"是一个背景强大实力雄厚的跨国公司。对公司来说，一些项目从主动去联络推销到项目方召去参与，局面已经大为不同。

公司除了参加一些国内举办的展销会等，还专门针对用户、潜在用户、设计机构等举办一些讲座和推介会。

当年，国内处于改革开放初期，对进口设备了解不足，因此公司还需要对用户实行对设备使用和保养的培训服务。

因此公司对业务人员自身对产品和业务知识的培训和提高也非常重视。

八十年代中，被派陪同大客户去集团一些设备生产基地培训。同时也是对我们业务人员进一步培训。

那次由总经理带队，从香港经迪拜飞德国的法兰克福，再转机去意大利的威尼斯。到达法兰克福国际机场时被通知原本去意大利的航班因故被取消，何时起飞另等通知。谁知在法兰克福一等就等了将近12个小时。

飞机延误，久久的等候本来是一个非常沉闷的过程，但这次等候却意外跟总经理有一个促膝谈心的机会。

在总经理心目中，也许我们只是一些不错 salesman（推销员）而已，在我们的心目中，总经理只是一位商业管理方面的人士。

相处许多小时的谈话机会，我们都知道了各自的另一面。

先说这位总经理，他已经不是录用我的那位总经理了，他是在我进入公司之后更换过的总经理。名字的中文发音"弗歇尔"（瑞典原文不清楚了）。

他来香港公司担任总经理之前在瑞典并不是在总公司担任商业管理的，而是一位政治家，是在瑞典长期执政的社会民主工人党的党魁。

在瑞典Electricite总公司需要更换在香港的全资分公司"丽都"公司的总经理之际，他暂时辞去党魁的工作，主动找了"Electricite"总部，要求到香港担任这个职位，为期两年。

一个欧洲发达国家执政党党魁，何等重要？竟然屈就一家跨国公司海外分公司的总经理，这里面一定有我们意想不到的理由。要想知道这个理由，接下来就自然就成为我们之间谈话的主题。

听他一席话，除了意外，也充满惊奇和敬佩。

瑞典社会民主工人党（Sveriges social demokratiska arbetareparti），简称瑞典社民党，历史悠久。是瑞典最大的中间偏左政党。这个执政的立场和理论基础建是基于马克思主义的修正主义。

瑞典社民党自1889年成立之后长期执政。执政的期间，促成工会和大公司之间达成协议，共同创立社会保障体系和公共健康保障体系，收窄了贫富间的差距，令瑞典逐渐发展成为一个福利国家。

经过较长期的发展，也就是因为"高福利"的原因，瑞典渐渐失去经济发展的活力，发生许多社会问题。令瑞典社民党在1976-1982年失去执政的权力，沦为在野党。

法兰克福谈话的当时，瑞典社民党虽然重新夺回执政权力，作为党魁，他要对过去奉行的主义和施政方式作出反省和检讨，要对正在施政的国家发展负起领导责任，对过去不利于国家发展的问题作出改革。

香港在八十年代经济起飞，后来成了亚洲四小龙之一，香港有非常好的福利制度和全民积极向上的奋斗精神。在当时西方政治家眼中，香港成为了一个经济发展社会稳定的楷模。因此"弗歇尔"决定利用出任香港公司职务之便，实地了解和考察香港的政制和施政方法，作为将来在瑞典夺回执政权力之后的借鉴。

一个政党，一个党魁，在遇到失败、挫折、困难的时候，放下身段，真诚反省，深刻检讨，虚心学习，纠正错误，改变策略。就这个精神、态度难道不值得敬佩吗！

"弗歇尔"告诉我们，当时的瑞典即使你没有工作、没有收入，至少会有超过 80 平方米的住房、免费医疗和足够全年出国旅游一次的生活费用。

这次接受培训的主要生产基地是集团公司所拥有的意大利和瑞典的一些工厂。他让我们留意在瑞典的工厂里存在严重的如中国所说的"大锅饭"问题，街上也存在成群结队的年轻人，他们有的吸毒、扰乱或游手好闲无所事事。

这些话出自一位因长期执政的政策造成这种现象的执政党党魁之口，让我们这些过去在国内司空见惯的另一种现象的人大为惊奇。

一个在我们心中存在的高福利的发达国家，在读书时被告知一个称为改良社会主义的国家，究竟是什么样子，引起了我极大的好奇，反正不久就要前往，走着瞧吧。

谈话除了谈瑞典和瑞典社民党，当然涉及各方面的内容。比如香港，比如意大利，比如中国。难得有机会与一个政治家的公司总经理谈论除公司业务之外的话题，气氛轻松愉快。各自畅所欲言，尽情发挥。

一场意外谈话的结果，令总经理也改变了对我只是一个业绩不错的 salesman（推销员）的看法，认为他有这样知识渊博的同事，也非常荣幸。

2020 年 9 月 16 日于匹兹堡自寓小楼

（十五）质量就是生命

晚上很晚，终于搭上飞意大利威尼斯的飞机，这次培训的首站是坐落在意大利著名水城威尼斯附近的工厂。

工厂方面自然有人在机场接机，驱车去往威尼斯附近一个小镇。小镇没有大酒店，入住一家具有意大利风格的小旅馆，干净整洁，古朴典雅。

第二天就开始了业务培训。

Zanussi Engineering 是被"丽都"集团收购的主要生产家用和商用电器的公司，我们被安排在一家生产商用不锈钢厨房设备的工厂培训。

培训是对设备的成品从了解设计开始，到材料，到加工设备，到加工工艺，到生产流水线，一直到成品包装出厂的全过程。

对产品生产全过程的了解，对于一个销售人员来说非常重要。重点是在销售过程中，能够把产品的优质之处有根有据、准确无误地介绍给买家，增加买家对产品的信任度，和做性价比时候的心中有数。

在八十年代，Zanussi 对于产品的设计、材料的优质、工艺的先进，在世界上都达到较高水平。

两个例子：

制造商用厨房设备，需要选用优质不锈钢。不锈钢的焊接时产生高温会破坏焊接口周围部分的不锈钢关键成分的流失，影响焊接部分的防锈能力。所以 Zanussi 就把当时最先进的在水中焊接的技术运用在生产工艺中，以保证焊接部分的不锈钢有效成分不流失，以增加产品的耐用度。

另一件事，我在早年担任过生产厂家的管理人员，深知控制质量是生产管理中头等重要的一环。任何产品都会有外加工制品。怎样控制外加工制品的质量，也是保证成品质量的重要一环。

Zanussi 那时早已采用自动流水线的加工方式，那么对外加工制品的质量控制是不是也有比较先进的方法呢？尽管培训过程没有这一项内容，但这是我额外想了解的。我找到外加工制品质量控制部门，一看有人在对外加工制品一件一件地人工测试。问他们为什么这部分不用抽检或其他方式呢？他们回答，用人一件一件测试是最保险最能保证不出差错，而且发生问题最便于追查。

对一个产品生产厂家来说，质量是生命，不是一件只挂在嘴上说说的事情。

培训期间 Zanussi 对于我们一行在生活上的照顾无微不至。一日三餐，早餐在旅馆，午餐在公司食堂，晚餐在外面饭店轮着吃。

意大利的餐饮最大的特色是什么菜品和主食里都放点"奶酪"，各式各样的奶酪，从鲜嫩的到干硬的，分好多层次。奶酪既可以当调料，也可以当食品，甚至当喝酒时的小吃。几天奶酪吃下来，浑身奶酪味，连出汗都是奶酪味。开始不怎么习惯，但几天后就吃上瘾来，连长了毛的干硬的、收缩成许多空洞的老奶酪，也嚼得甘之如饴。

晚餐时，通常面前都放三个高脚杯，餐桌上三大罐液体，红葡萄酒、白葡萄酒、含气儿的碳酸饮料。没人劝喝，自斟自饮。

西餐的菜色没有中餐这么多的花样，周围几家餐馆吃遍了。

一天到一家去吃过的餐馆，老板非常热情，支开来招呼我们的服务员，亲自给我们介绍菜色。嘴里念念有词，报一个菜名，详细介绍里面是什么材料，厨师怎么加工。但推荐每一个菜之前，都先说一句"The special（特别）"。他报完一堆之后，我们跟他开玩笑说，

"Have not special?（有没有不特别的）"。比较当年国内服务业的服务态度，意大利服务业的服务态度显然是优质的。对外国来客也是非常热情的。

星期六星期天休息，我们就利用这个到处参观和购物。

当然先是把威尼斯的大街小巷、大河小溪逛个遍。现在算来三十多年前的事了，留下印象比较深刻有两件事。

一是，参观威尼斯的圣彼得大教堂和圣彼得广场。在大教堂内可以亲眼见到意大利文艺复兴时期那些著名的如米开朗基罗等艺术大师的绘画和雕塑，真是大饱眼福。

二是，威尼斯这个水城的建筑和交通有其独特的地方。满城纵横的河道中，布满挂着 TAXI（出租）顶灯的出租小艇。一样招手就停，而在河道两边几乎随处都有供乘客上艇的石头码头。

整个城市几乎建在水中，每幢建筑下面几乎都有可以停船的码头，就像现代城市大楼底下的停车库一样。

看到威尼斯自然就想到中国的水城苏州。

从年代上说，苏州形成城市已经超过 2500 年了；威尼斯形成城市多久没有考证过，只知道早在公元前十世纪，那里有过一个威尼斯共和国，而现在的威尼斯是那个共和国的首府。

比较下来，在建筑方面，威尼斯的建筑在保温、采光、舟车进出的实用性方面，都比八十年代之前的苏州更强、更方便。这可能跟在公元九世纪时，威尼斯已经形成一个国际商业和金融中心有关。

当然，今天的苏州也绝对不是所谓农耕文明时代的苏州了，苏州城也是一个非常现代化的大城市。

除了逛威尼斯之外，还利用周末坐火车去过罗马、米兰等地。这些都是世界闻名遐迩的旅游城市，这篇文字里就不多介绍这些众所周知的地方了。

2020 年 10 月 13 日于匹兹堡自寓小楼

（十六）在大教堂遇到皇太后

培训的下一站，就是瑞典本土，将会去两个城市，一个是瑞典首都"斯德哥尔摩"，一个是瑞典最大的城市"哥德堡"。

先去的斯德哥尔摩，一个典型的北欧城市。一月，冬天，但街道上不乏行人。

我们入住一家"希尔顿"酒店，十分豪华。大堂中间一大块用透明玻璃做的地面，一眼望下去，下面是一个很大的游泳池，一些住客在游泳池里嬉戏。几个穿比基尼的美女在水中优雅地涌动，宛如几条美人鱼，十分夺人眼球。

第二天总公司国际部总裁亲自迎接安排，参观斯德哥尔摩的公司。一个老旧的建筑，显示这家公司的古老。进去似乎是一个废弃的大货仓改造的，整洁但简陋，与我印象中的大跨国公司相去甚远。

晚上，国际部总裁请我们去一家最具瑞典特色的餐馆用晚餐，是一家自助餐馆。餐馆在斯德哥尔摩某处一个地下的空间里，进门需要下很多级阶梯。一眼望去，装饰得像一个海盗船，墙上挂满了烂船板、折断的船桨、粗麻绳、生锈的刀剑什么的。

还站在阶梯上等着带位招呼的时候，总裁问我你喜不喜欢这个餐馆？我说非常有特色，好像走进了历史，非常喜欢。总裁听了哈哈大笑说，他一次带一位中东分公司的同事来这家餐馆，也问这个问题，这位中东来的同事说看上去像一个监狱。总裁哑然。后来总裁朝我挤挤眼睛，悄悄说了一句说大概他坐过监狱。

坐下享受瑞典美食，放眼望去，放置菜盘的柜台很长，数了数，大约上百种不同菜肴的盘子。

更令人吃惊的是几乎全部是各种各样生腌制的不同味道鱼类和海鲜。标志着这个海盗出生的国家海产品加工成食品的技能。这也太合胃口了，于是大快朵颐，每一种都尝一尝，喝着起泡的啤酒，达到真正的酒足饭饱！

斯德哥尔摩公司，并不是"丽都"公司总部。在斯德哥尔摩主要是参观，皇宫、大教堂、博物馆等。公司派一位叫黛安娜的女士带领参观，她尽可能让我们了解瑞典的历史文化。

在大教堂，一位扎着头巾的老妇，穿着普通的淡雅衣衫，手里领着一个盛着食品的超市塑料袋，显然是在超级市场购物过。在我们往神坛前走过去的时候，她刚从神坛下来，与我们擦肩而过。黛安娜向她微微曲了一下身子，她也以同样对黛安娜曲了一下身子。走远后，黛安娜说，你很幸运，刚才那位就是当今的皇太后。说明白点，这位老妇就是相当于前清光绪皇帝名义上的"亲爸爸"，慈禧太后老佛爷。

是的，在黛安娜跟她互致问候的时候，我打量了一下，面容清秀，姿态高雅，表情谦卑，身边还跟了一位年纪相当的妇人，应该是一位随从。

还有几件印象比较深刻的事情：

王宫没有人守卫，可以随便进入参观，除了最里面一个院子，是国王家庭居住的地方。门口设了一个谢绝参观的牌子，也并无专人看守。据介绍，国王和皇后平时住自家农场，农场需要自己经营，见到国王开拖拉机在自家农场耕作的照片。

一边是君权神授，一边是党团议会；一边是皇家任命，一边是投票选举；一边是资本主义，一边是人民福利；一边是海盗先祖，一边是彬彬有礼；一边是高度发达，一边是怠慢工作。一个北欧发达国家原来是这么一个矛盾体。

黛安娜领我们坐地铁，正逢早高峰的时间，几次都可以见到政府高官也坐地铁上班。据知，那时候连首相也是在没有特别保护的情况下坐公共交通工具上班的。

无独有偶，我们到斯德哥尔摩的时间是1986年1月间，之后不久，就发生了一个惊天大案。

1986年2月28日晚上11时21分，瑞典首相奥洛夫·帕尔梅（Olof Palme）夫妇看完电影后，在斯德哥尔摩市中心被一个杀手暗杀，妻子也被枪伤。

曾经亲眼目睹的一个尽管有这样那样问题，但基本和平、祥和的社会，就此梦碎。

当前些年，大量中东难民涌入之后，瑞典已经成为对女子的强奸案发生最多的国家。如今的瑞典还是我亲眼所见的那个样子吗？

想到此，情何以堪！情何以堪啊！

2020年10月14日

2021年4月26日补充修订

（十七）站街女郎说了声对不起

紧锣密鼓的参观行程，黛安娜带我们去了一个历史博物馆。

是的，历史博物馆里展示的是从石器时代到现代的许多文物：粗糙的石器、精致的金银制品、木雕等等。

瑞典曾经从丹麦手中独立，控制了整个北欧，建立了一个帝国，后被俄罗斯强占了芬兰和挪威部分。又曾经从俄罗斯手中夺回挪威。1905年挪威独立，就此形成目前北欧三国的版图。

但给我留下深刻印象的是，对于海盗历史的表述。

三十多年了，记忆有点模糊，似乎有一艘木质的打捞起来500多年以前的大船，巨大的桅杆、浆和帆，表现的是北欧维京海盗时期的瑞典。船上的刀枪斧钺，和雕塑跟真人一样大小的戎装海盗，凶猛、彪悍，反映了当年海盗的生活。

博物馆似乎不隐晦自己民族历史上的卑劣的海盗时代。维京民族有不甚光彩的历史，也有被其俄罗斯民族侵占和受到羞辱的的时代。这种叙述真实历史光明正大态度，可以给今人一个反省基础，反而反衬了当今时代的正当性。

如果隐瞒和曲解历史，把历史荒唐当成历史光荣，把羞辱的历史当成伟大时代，比如蒙古的"元代"明明中国被亡国灭族，却说成是自己历史上伟大的时代。把外族的杀人魔头，当成自己的历史英雄崇拜。这样解读历史就永远也不会有真正的反省。

那么以什么标准来衡量和反省呢，说起来不容易，也不是这篇文字所研究的范围。应该至少可以容忍"董狐直笔"，司马迁的"史家绝唱"（鲁迅语）吧。

晚间，在总公司带队人士的建议下，带领我们去所谓"红灯区"看看。

一月的斯德哥尔摩，很冷，大街到处堆积着扫成一堆堆的积雪。

到一条不知名的街，街面不宽，沿街公寓的门口，站着一堆一堆女子。她们大多穿着一件很厚的毛皮大衣，毛绒绒的，脸上化妆得比较浓艳，她们就是所谓"站街女郎"，或者说是"性工作者"。

看见我们一群男士过来，她们应该有职业识别能力，看得出我们不是来猎艳的，因此只是礼貌地打一个招呼。也有个别搭讪的，打开自己的大衣，原来里面中空，露出两只硕大的乳房引诱男士。男士离开，立即箍紧大衣，一月北欧的寒冷，也真难为她们了。

来接受服务大部分都是单身开车来的男士。把车停在路边，摇下靠人行道那边的窗口，就会有几个站街女郎走过来，彼此讨价还价，说好了，或女的上车，或男的跟女的进入一间公寓，这就是交易成了。

见到一个西方女子，大概以为我们是日本人，居然用日语搭讪。告诉她我们来自中国，她就羞涩地用英语说了一声"I'm sorry（对不起）！"礼貌地退开，并不纠缠。

那个年代正是日本"鸡的屁"达到世界第二的时候，也是日本游客到全世界买买买的高潮，也少不了到处猎艳。站街女郎把我们当成同文同种的日本人，也情有可原！

没想到三十年以后，这个世界颠倒过来了。这一代斯德哥尔摩红灯区的站街女郎，是不是学会讲几句中文了？想起前几年据说有中国游客想在斯德哥尔摩某酒店大堂过夜受到不客气待遇，弄成一个外交风波的事件，可以从侧面证实我的猜想。

领队的还带我们去看了一个性用品商店。呵！四层商品大楼，俨然像一家规模较大的百货公司。据说集中了全世界最齐全的性用品，真是琳琅满目应有尽有。

除了摆列的商品，还有一小间一小间录像带的试放室和观赏室。有供一个人的，有供情侣的。里面除了放映录像带，其他如食品饮料、服务设施和应用物品一应俱全。并且十分保证隐私。

当年瑞典的性犯罪率是很低的，各种性要求（包括非正常异性的）有充分的发泄渠道。除非是公众人物，对一般人，不会用较高的道德标准去衡量。红灯区的管理也比较完善，由于是合法的，性工作者都可以合法登记，有设专门机构，对于性工作者施行严格的卫生管理，预防和治疗都有全面的跟踪和定期检查。因此吸引世界各地的好色之徒到那里去尝试。

所以单纯评价北欧一些国家"性泛滥"是否公平？值得探讨。无论如何，公开、给予一个有法律约束的规范管理，总比公开满嘴仁义道德，私下满处男盗女娼而佯装不存在而失缺管理的要好。

更令人不齿的是有人故意放纵，却暗中保护，把这作为一种敛财工具，那就更加卑鄙龌龊了。

在斯德哥尔摩的参观不是主要议程，匆匆结束，下一站是瑞典最大的城市"哥德堡"，那才是公司重要的生产基地，在那有重要的培训课程。

2021 年 4 月 26 日于维罗纳自寓

（十八）瑞典人也吃大锅饭

哥德堡是瑞典的第二大城市，仅次于首都斯德哥尔摩。哥德堡近邻挪威，和丹麦北部隔海相望。约塔河在哥德堡流入卡特加特海湾，将城市分成了两个部分。

哥德堡是瑞典经济最发达的城市之一，也是瑞典最主要的工业城市。哥德堡与中国的上海结为友好城市。

在香港叫做"丽都"公司的，是瑞典 Electricite 集团在香港的全资分公司。到瑞典就要称为 Electricite 了。（Electricite 目前在中国中文称为"伊莱克斯"）

"伊莱克斯"在瑞典的生产产品的基地，主要就在哥德堡市。

我们到达参观时，是上世纪八十年代中，当时介绍"伊莱克斯"是以那时的八十多年以前（到目前已达 120 年的历史），以创造世界上第一台电动吸尘机起家的。

一台外壳是铜合金的古老款式家用吸尘机，被闪亮透明的玻璃罩保护在一个展厅中央的展柜上。那个铜外壳，显然是熟练钳工用锤子慢慢敲出图纸要求的形状来的，不是成批冲压成型。

"伊莱克斯"就是以这个款式的家用吸尘机起家，发展成为当年世界上数一数二的生产和销售多种小型家用和大型商用的电器设备。

我们由公司的专业工程师带领在各生产厂参观和聆听培训课程。

在参观工厂的时候，我特别留意在德国法兰克福机场与"弗歇尔"总经理谈话时他谈到的瑞典工人也有类似"吃大锅饭"的情况。果然是,一个车间,在我们进去前,有一堆工人显然在闲聊,见我们一队人进去,这一堆人便各自散开回到自己的岗位工作起来。

我太熟悉这种状态了!

在中国改革开放之前,尤其是在文化大革命期间,中国几乎所有的工厂、企业、机关,无不是这种"吃大锅饭"的状态!

当然,我从斯德哥尔摩就开始留意,在大街上,确实时不时看到一堆一堆显然游手好闲的年轻人,嘻哈打闹、无所事事的状态,在哥德堡市的大街上也基本如此。

这时候我深感一位长期执政的党魁,为什么放弃优越地位,远到海外一个经济发展如日中天的小地方,亲自了解、体验、学习那里的管理制度。

那年我们去培训的时候,这个党已经在前一年重新执政。我本人在培训结束的第二年,也辞去了这个公司,这段过程放在后面详细说。"弗歇尔"不久也卸去香港全资分公司总经理的职务。相信他回到瑞典一定投入党务工作。由于我那时已经离开瑞典公司,对于瑞典的情况,已经扔在脑后,瑞典的政治经济究竟经历了什么样子的改革,一无所知。但时至今日,"弗歇尔"这一代人,早已经是明日黄花,肯定已经离开政坛。

但二十一世纪以来的全球化和政治上的极左思潮,不可避免的影响欧洲。别的不说,一个难民问题,把瑞典变成一个世界上发生强奸案最多国家。仅此一点,就令我这种持偏保守理念的曾经与瑞典有过一段经历的,感慨万分!

瑞典,还会回到那个王宫不设守卫,王太后自行上街购物,首相不设保镖,高官搭乘公交的和谐社会吗?

在 Electricite 各工厂学习,我留意到各下属工厂办公室和接待客人场所,比起总公司的装备普遍豪华高档得多。

对此，我私下悄悄问过国际部总裁。总裁的回答出人意外，他说：工厂是生产第一线，公司的利润主要依靠他们的工作获得，当然要让他们的环境条件好一些；总公司办公室不赚钱，就应该尽可能简朴一点。

其实我们先前到的意大利时就知道，偌大一个跨国公司，没有一辆公司的"公车"和专职司机，我们所用的交通车辆，都是临时向租车公司租用的。公司除必须的货运车以外，没有一辆由公司负担的"私家车"，到了瑞典也一样。

逢周末，培训班也跟着休息，公司并不另外负责我们一行的活动，因此我们都是借此机会自行到各处游玩。

培训班结束，利用回程，经丹麦和德国的慕尼黑稍作停留游览一番。丹麦的安祥，慕尼黑的啤酒，都留下了很深的印象。

2021 年 4 月 26 日于维罗纳自寓

（十九）爸爸，我的钱都在

培训回来，理应当受到公司进一步的重用，但事情后来的发展大都出人意料。

当年中国国内发生了一些事情。

因为工作需求，大部分时间是留在国内。那次住在上海西藏路原"淮海宾馆"（后被香港富豪注资改为"青年会宾馆"）。突然听到楼下西藏路上，声音嘈杂，口号声响成一片。打开临街窗户一看，是连绵不断的游行队伍。仔细听游行队伍喊出的口号，大部分是"反腐败"什么什么地。

那时并不太关心国内的政治形势，对于国内发生非政府组织的群众游行，感到十分意外，于是立即拿出相机拍摄这种少见的场面。"淮海宾馆"临西藏路房间的住客，大多都打开窗户拍照。终于被游行队伍发现。只听到游行队伍有人在喊："外宾在拍照了，外国人在拍照了！"，游行队伍突然骚动了起来。

游行队伍停顿下来，朝着"淮海宾馆"楼上窗口的这些看客，大声喊起口号来，口号此起彼伏。

过一会已经听到下层窗口里传来呵斥住客关上窗户、不准拍照的声音。显然是有人强制干涉。我们闻声也识相的立马自动收起相机关上窗户，免得自找麻烦。

当时自己有一件天大的事情令我万分焦急。因为暑假，才十一周岁的大女儿适逢暑期，只身从香港搭飞机到达上海。原定去机场接机，但临去前上海交通已经全面瘫痪，酒店门口的出租车寸步难行。

汽车出租公司的司机十分帮忙，立即联系在机场的同事，关注一个从香港到达的十一岁女孩。久久地等待，按照飞机降落的时间过去很久，很长时间女儿一直没有消息。

大约五个小时后，街上的示威队伍已经散去。酒店门口陆续停靠从别处过来的出租车。在一辆出租车里走出一个单身的女孩子，是我的女儿，只见她对出租司机说了一声：谢谢叔叔！之后微笑着向我走来。她见我时两手捂着腰间的"腰包"说第一句话："爸爸，我的钱都在！"。

我知道，天下许多父母会有过更恐怖的经历，对儿女遇过险情后安然回到身边的期盼，对于一个圆满的结果，都会有万分的喜悦。这种场面会记忆终身，并且永远不想再经历如此场面。但我不得不心存感激和感恩。对当时那些热心的出租车司机，和最后那位从机场把孩子平安送到酒店的出租车司机心存永远的感谢！据知他在机场看到一个孤零零的孩子，主动承诺会把她送到酒店和找到爸爸。孩子也选择相信，才上了他的车。

八十年代初，人们之间的关系，还保留一些淳朴善良的诚信之中。曾几何时，这种淳朴善良的信任损失殆尽！怎么了！我的国？

这一章之所以用些笔墨谈这件无关紧要的问题，是为了一个至今答案不一的社会问题。

到八十年代中，因为业务扩展，在国内工作的时间增加，出外的第一交通工具是出租车。出租车拒载、绕路、斩客、拼车、假收据等是家常便饭，后来甚至发展到拉皮条。

仅举上海为例，当时上海的出租车根本没有管理，一片混乱。一次我从上海火车站出来，要到国际饭店，由于距离不算远，招了几辆都拒载。这时一辆车悄悄滑动在我身旁，司机摇下右面窗问我要不要车，我告诉他去国际饭店，他招呼我上车。

车往前滑动不远就停下来，从前门上来一个大汉，后门又上来一个年轻女孩子。我吃惊问司机这是怎么一回事！司机说拼一下车。这种情况在当时的上海已经是屡见不鲜了，也就见怪不怪了，勉强接受。

车继续往前走，坐在后座的女子先问我，先生要不要"玩玩"？保证让你开心，并且动起手来。知道上了黑车了，我立即要求司机停车，坚决和严肃要下车，司机看我不上当，正犹豫时，正好看见路中间有位交通警察，我立即摇下车窗，准备大声呼救，司机见状只好靠路边停下让我下车。

这件事激怒了我！回到香港立即写一篇文字，投书《文汇报》，把上海出租车行业的各种丑陋行径连同几十张假发票统统公之于众。《文汇报》及时在读者来信栏目登出。文章一出，引起社会共鸣。许多在国内出差或旅行受出租车之害的香港同胞纷纷跟随投书，《文汇报》连续十六天登载声讨内地出租车恶行的文字，终于引起上海反响。一个自称"上海出租汽车公司总经理"的，指名道姓给我回了一封公开信，也登载在《文汇报》上。现在记不清他具体说些什么，但总的感觉是用一派官话搪塞，总归是大部分是好的，发生问题的只是极少数云云，大概意思个别坏事偏偏都叫我碰上了。

但无论如何香港的舆情还是引起了上海方面的重视，朱镕基市长对上海出租车进行了一次严厉整肃。据知几个问题严重的还判了刑，上海出租行业才稍微正常了一些。

还年少的女儿正是在整顿之后只身来到上海遇到群众游行示威阻碍交通，如果放在整顿之前，还不知道会造成怎样的后果？

这场群众自发的反腐败游行示威，在全国引起涟漪，结果以共产党总书记胡耀邦下台，以对所谓"资产阶级自由化泛滥"负责而结束。

我已经预感到中国经济发展会有一次"调整"。必须思考作为一家外国公司的代理，中国的经济调整会对公司的业务有什么影响，和对我自己承担的业务有什么样的影响？

毕竟我们业务对象（客户）主要就是当年大肆建造的"楼""堂""馆""所"。盲目大建楼堂馆所正是这次自发的人民示威游行极力反对的内容之一。

而建设楼堂馆所是拉高"生产总值"（GDP）最省力，同时最便于权利"寻租"的手段，各级政府争相建设，全中国一时间似乎成了一个大建筑工地。但对于还没有从文革造成的经济崩溃中走出来的生活在水深火热中的普通百姓，却有口惠而实不至、眼热而心凉的感觉。

这种仅依靠大建楼堂馆所发展经济的模式，遗害至深远，改革开放 40 余年来，无处不在，成了庸懒贪官和为富不仁者掠夺民脂民膏的最佳模式。实际形成了一场原始"权力寻租"的盛宴。

这场"盛宴"屡试不爽，反复用之而不息！

2021 年 5 月 30 日于维罗纳

（二十）避孕嗷（BNO）

我刚到达香港的时候，中国和英国之间已经酝酿关于香港前途的谈判。

不记得从哪天开始正式会谈，但记得经过将近三年的谈判，到一九八四年九月，中英双方终于达成一个《中华人民共和国政府和大不列颠及北爱尔兰联合王国政府关于香港问题的联合声明》和三个附件。

香港开始了回归中国的程序。

后来的人都说那段时期由于胡、赵采取相对宽松的思想舆论控制，因此社会上各种思潮泛滥，许多西方的思想理念进入人们的生活、视野和理念中。最有代表性的就是北京的"西单墙"。

与此同时，由于长期计划经济造成的物资短缺，实行了物资价格的双轨制，这就给原始的权力寻租创造了空间。

一边是权力寻租造成的财富迅速积累；一边是无序的其实范围极其狭小的所谓开放"市场经济"，吸引了胆大的一部分人参与利用有限物资流通而获迅速积累财富。短时间内出现明显的贫富差别。

从现在看，那时候的贫富差别，跟现在比还是小巫见大巫。但这是三十年来大部分人所未曾见过和未曾想过的局面。

人们那时候把利用物价双轨制获取利益的公权力或它们的裙带关系，看成是贪污腐败；把利用物资流通中从地区差价中获取利益的叫做投机倒把。

有权力利用物价双轨制获利的差不多都是高干子弟；胆儿大敢通过物资流通获利的许多是所谓"刑满释放"人员或平时不学无术

的"不安分"人士。

这就引起长期安分守己，靠几十年不变工资、长期接受生活物资配给制、思想上不能越雷池一步的广大平头百姓的不满以致愤懑。

由于改革开放，国门稍开，海外的生活方式、绚丽物资、自由思想，逐步被国人了解。最典型的是满大街喇叭裤、蛤蟆镜、录放机、黑灯舞、夜总会。更触动人思想、观念的是西单墙式的舆论。

加上当时的党总书记胡耀邦坚持为历来政治运动中受到过整肃、诬陷、迫害、冤屈的大批人士"平反"，等于对历次政治运动给予了否定的判断。

人们开始审视现实生活中依然的不公不义，首先对权力腐败提出挑战。

上一节讲到的在上海遇到的群众示威游行，正是在这种背景下发生的。这一次的事件，以表面上限制几家由高干子弟办的公司，撤去胡耀邦职务，由赵紫阳出任名义上的最高领导而暂时平息。但是为以后更大的社会事件留下伏笔。

还是回到自己的事情上来吧。

抗议运动中，广建楼堂馆所也是老百姓不满的事项之一。因为只有大搞这种公共建筑项目，公权力才有机会"寻租"，也就是有机会公私勾结、行贿受贿、贪污腐败。

这方面应了一句话："老百姓的眼睛是雪亮的"。因为老百姓在需要通过公权力完成的任何一件事情上，都是直接的受害者。

既然老百姓反了，公权力至少会有所收敛，故预料到一度会减少楼堂馆所的建设项目，总要做做样子给老百姓看看吧！

这种状况一定会影响到我自己供职公司的业务，正盘算将要怎样去应付这样的局面。

正好遇到一件事情。

一位朋友拿来一本小册子，是介绍一种农用材料产品的手册，告诉我这是一种活化土壤改善板结的天然高科技制品，把小册子留下来了。

读了小册子后，感觉小册子的中文表达十分拙劣，显然是一个中文程度很差的，从英文翻译过来的。就顺手对小册子的中文作了修改，之后把修改稿给回这位朋友。

没想到几天后朋友来找我说，经营这个产品的老板看到这份修改后的中文介绍说，他一直想找这样一份中文介绍，没想到居然现在有了。这位老板就提出一定要见见我。

在朋友两面沟通之后，我跟这位老板见了面。我们谈论了他的产品对当时国内的耕地由于长期使用化肥所形成的土壤板结问题有非常有效作用的话题。

他非常吃惊我对中国农业状况要比他自己了解得多，建议我加入他的生意。

人生的转折有必然性，人总在可能的范围里求变；也有偶然性，往哪变？变成什么？所以变是必然的，变成什么样子带有一定的偶然性。

当然如果有人说很多人能按照自己制定规划实现自己人生唯一的目标，我也可以信，但只是将信将疑。

比如鲁迅开始只是想成为一个医生，而出现一个他不一定预先知道的原因，令他转而成为一个文学家、思想家。

比如希特勒开始的人生并不按照成为一个法西斯头目、一个世界大战发动者、一个屠杀犹太人的刽子手这样子的目标一步一步去实现的。

当然鲁迅骨子里的正义，和希特勒骨子里的邪恶，是引导他们走向善恶人生的必然！

关键时候自己将何去何从？

鉴于香港回归的中英协议签署，在香港引起了一场移民潮，许多人士移民离开香港。老奸巨猾的英国，弄出一个什么"英国（海外）公民"（BNO）护照。没有资格立马移民英国的，先拿一本也好。当时香港人把它戏称为"避孕嗷"。

当然移民美国和移民加拿大也是首选。其它国家也趁机吸收一些有钱，或有技术贡献的人士。

"丽都"也有打算吸收优秀员工移民到瑞典。就如上所说一个人生的转折，有必然因素。虽然我接收到明确的讯息，可以移民到瑞典，但考虑再三，还是放弃了这个机会。

一，我一直抱有自己创业的理想。

二，国内暂时收敛对楼堂馆所的投资建设，必然影响在公司的工作业绩。

三，父母在美国，已经有移民美国的资格，再移民瑞典不是我的首选。

四，被合作经营改良土壤活化剂项目吸引。

如果第一个原因是所谓"必然因素"，那么后面几个原因就是"偶然因素"。

我终于向公司提出了辞呈。

2021 年 8 月 17 日

（二十一）土壤板结

我并不懂农业，更不懂土壤的化学知识，只是对用这种材料能解决土壤板结问题有一种直觉的认可。赶紧恶补了一些知识，思考之下，就毅然决然决定参与这个项目。

这家公司的老板是Z先生。

过了些日子，我正式向Z先生表示同意与Z先生合作，加入这个项目。

我决心离开丽都公司时，原本有完全自主创业的打算。与Z先生合作虽然还不是完全自主，但也是向自主发展近了一步。因为这个项目的发展，绝大部分将由我来制定策略和实施办法。以我当时对国内土地板结状况的了解，知道这是一个迫在眉睫的需要，会很快取得成功的。

记得上世纪六十年代末，我在浙江桐庐山里，跟着农民到几十里以外的大山深处，采集一种当地农民叫"煤灰"的石头。白色，看上去像石灰。很容易敲碎，敲碎后撒在水稻田里当化肥使用。

那时没有任何检测手段，不知道这种"煤灰"究竟有什么成分？只知道用了以后，对水稻生长有一定的好处，但水稻收割土地干涸后，土地呈现一片白色，并且十分坚硬，就是所谓"板结"。

到八十年代后期，长期使用化肥的结果，国内土地板结已经成了农业生产的巨大负面问题，几乎成了农业发展的瓶颈。

事情做起来却并没有那么简单。

国外农用产品进入国内有一定的法律程序。必须通过"小田""大田"的实验，根据实验数据再决定是不是可以合法推广。我加入这个项目时，Z先生的公司已经分别在全国二十多个省市开始实验。而且陆续获得的实验结果有非常明显的效果，土壤微生物有显著的增加，农作物产量也有明显提高。这真是一举两得的结果。

　　根据当年这种材料进口的成品价格非常高，即使农作物增产，也抵不过增加的成本，这正是没有办法在国内推广的主要因素。

　　我加入这个项目后，第一个建议就是把这种产品大部分生产过程引入到国内，在国内广大县级地区广泛建立生产基地。国外只提供关键原材料，其他生产器材和辅助材料加上人力都由国内当地解决。这种形式从现在看来没有多大新鲜，但却是中国改革开放初期最快捷、最行之有效的发展方式。

　　我的个性，从来不会把一件事情研究到十分胜算才去实行，只要大方向对，有五成以上胜算就会开始动手去实行，其他的问题在实行的过程中一一解决，公司同意了我的计划。

　　计划是沿长江流域，从上海郊区开始一直到重庆郊区，沿江两岸，隔一段相当的地段，建立一个生产基地，以生产基地为核心，利用当地人的关系向周围地区推广产品。

　　根据实际情况，先搞一个简单、低成本、基建易上、生产规模不贪大的生产基地，有了初步效果，再提高加强扩大的实施计划。

　　计划一开始基本上一年之内在上海、南京、芜湖、武汉、重庆等地建立了几个生产基地。第二年，就发展到青岛、丹东、宁波和黑龙江。

　　为了速度和效率，与国内合作者打交道采取的办法是在上海入住一个总统套房，把各地的合作者请过来，利用总统套房的多间房间，与各地不同的合作者分别同时商谈，基本条件差不多，加上考虑每个地方的不同情况，因地制宜。因此很快一两天就可以跟几家合作者同时达成共识,签署合作协议。

如果采用独自到各地去跑,一一商谈,需花更多时间,费用更高,效率更低。

所以很快就打开了局面,接下来就是到各地去落实项目了。

2021 年 10 月 20 日

（二十二）轮船畅想

事情进行顺利，合作建立的生产基地，在从澳大利亚聘用的两位专业人员的技术指导下，很快就开始投入生产。利用合作方在周围地区的影响力，推广应用，也很快取得成绩。

一次在从青岛到上海的轮船上，与 Z 先生坐在头等舱，望着船艏乘风破浪。俩人讨论起往后的发展。

Z 先生说，如果达到一定的销售量，凑够资金，向美国公司买下来核心材料的配方和制造技术，建造一艘在长江中和沿海航行的船，把核心材料的生产放在船上。沿长江和东海岸向发展起来的生产基地直接送达原材料，也可以把产品运出来送往各地。这样可以大大地减少成本，令生产和使用方都获利益。

我提出在船上准备一架直升机，这样可以把生产基地和产品使用范围扩展至少长江和东海岸腹地 500 公里以上。

彼此还对那时刚在国外应用的"缓释肥"在中国的应用作了一番畅想。

俩人一拍即合，随着轮船的摇晃，做起发展前景的美梦。

转眼到了 1989 年，冬季一过，准备各生产基地的扩大销售和扩大生产的工作。一系列的推介会、研讨会（Seminar），奔波在各生产基地之间。

记得重庆安排了一个规模较大的推介会，会场定在重庆著名的人民大会堂。我和 Z 先生定好了从广州飞重庆的飞机航班。到广州机场办登记后，却传来重庆机场因天气原因取消航班的通知。因为那时重庆还是旧机场，十分受坏天气因素的影响，飞机停飞是常事。只好根据航空公司安排在广州留宿，第二天仍被通知重庆航班停飞，并且还没不知道会停飞多久。如果再不能前往，就会耽误参加重庆推介会的时间，而我推介会上的报告是会议的重点。万分焦急之下立即决定改乘广州到成都的航班，再从成都搭乘成渝铁路的火车连夜赶往重庆，当时没有高铁，成渝铁路居然需要走十二个小时。到达重庆已经是举办推介会那天的早晨，从机场赶到重庆人民大会堂，正好赶上会议开始。

虽然总在这样赶来赶去的路上，但一切发展也算顺利！

这边 Z 先生已经考虑跟核心材料专利方商讨购买专利的事项，甚至在了解建造专用船只的造船厂。

不知道人们有没有这种经历，许多时候在一切顺利的情况下，就该发生意想不到的事情了。

是的，以胡耀邦逝世为爆发点，中国掀起了一场自发的学生运动，这场运动以反腐败为口号，政治上诉求实行西方民主制度。前些年，政治上对"西单墙"为代表的思想解放运动的打压；经济上因双轨制实际上的权力寻租，令中国从一个绝对平均主义很快变成贫富差别不断拉开的畸形社会。从材料、商品、物质上的双轨制，变成了人格、工资、福利、权力的双轨制。

一个口必称解放全人类、实现共产主义的共产党，变成一个独裁的、只维护一己之私的利益集团。只要进入它们所谓的"体制内"就成了高人一等的阶层。

这里不研究理论问题，只说出看到的现象。

这场人民与共产党统治政权对抗运动的主场在北京天安门，各地也发生过一些声援，但远不如天安门所发生的那么轰轰烈烈和影响深远。

我那时人在香港，每时每刻通过电视新闻观看由无数勇敢的记者从天安门实地所发回来的画面。人民和统治集团之间的僵持延续很久，但是当统治集团决心派出大量军队准备用武力镇压时，整个事件的性质就立马改变。

2023 年 3 月 21 日

（二十三）被迫转行

发生在1989春天的一些事件，这里毋庸多叙。许许多多文字从各方面给予阐述。现在已经成为历史，而记载了各种不同的立场，实属正常。

但这个事件对我的业务发展却造成了阻碍却是实实在在的。也不知道是Z先生自己的态度，还是提供关键原材料美国方面的态度，总之停止了关键原材料的提供。这样一来，我们在国内所有生产基地只好停摆。一个极有发展前途的项目，嘎然而止。

剩下来时间，就是清理措手不及事件造成的后续的事情中。

Z先生决心退出全部在中国的业务，包括和我一起曾经讨论过的所有今后的发展。他的这个决定受到公司其他合伙人的支持，这种气氛下谁会公开站出来反对呢？这个决定既然成立，就意味放弃以前为止所做的一切。

中国国内局势尚未稳定，正如前一篇所说，新领导江泽民缩手缩脚地令改革开放的局面几乎葬送。

而我自己必须考虑另一个谋生方法。

由于经历"丽都"工作经验，对酒店方面既熟知业务，又积累人脉，就选择了一家酒店管理公司求职，果然一拍即合，直接被录用为经理，负责国内业务。

暂时就这样安顿下来，并立马展开业务，以对国内酒店状况的驾轻就熟，为公司开辟了酒店备品业务，发展顺利。

我就是在事件后，海外公司纷纷离开中国时，没几天就搭飞机从香港飞往上海。记得非常清楚的就是，飞机上没几个人，国际航班几乎成了私人包机。

在上海轻而易举就拿到体量和总额不小的酒店备品的生意，为公司业务立下汗马功劳！

但往往一切顺利的时候，总有意想不到的事件发生，令人猝不及防。

公司由一对夫妇共同经营，原来双双都是国际顶尖酒店管理公司高级管理人员，对酒店业务十分娴熟。公司被接受了一家国内酒店的管理。在我加入后经我操作，又被接受了另一家酒店的管理。而且备品业务开展非常顺利！

但就在这时，先生和太太的关系发生微妙变化，而且裂痕越来越大，先生发现太太有不轨行为，看情形势必造成决裂。我在中间相处十分为难。想想家父常常说起在人手下赚有限钱总归不是出路，自己经过这些历练，也积累了一些经验。就毅然决然地退出，决定自己新起炉灶新开张自己的生意。

不久我在一个码头遇见头发灰白形容憔悴的先生，果然他跟太太不但在婚姻上散伙，公司也随之散伙，先生暂时只身回广东故乡休息一段时间，再谋后事。

2023 年 3 月 28 日于三藩市—匹兹堡航机上

（二十四）艰难创业

自主做一件事业，是家父从小灌输的立身处世之道。家父常常说："好汉不赚有限钱！"意思是不要做寄人篱下受人控制。所以，为了生存，自己创业可能是人生最后的选择。

但创业、创业，其实是只创而无业！怎么说？就是自己学无专攻，无专业技能空泛地创，创什么呢？只好像一只无头苍蝇，在空中乱飞乱撞！说这段话的意思是自省，也是教训。忠告创业者，在创业之前没有一个专攻的项目、目标，只泛谈创业是错误的，是危险的，是要翻车的！

但自己就是在这种仓促的状况之下创什么业了！

利用一点人脉，向国内某公司提供一些电子产品，也向某合资企业提供一些赠品。小本生意，勉强应付香港高昂的办公室租金。

向某合资企业提供的赠品，大部分是从台湾采购。起初，既然把台湾看作是祖国的一部分，当然从台湾输入国内的货物是不用关税的，因此经营台湾价廉物美的产品还是有利可图。但突然有一天宣布台湾产品跟其他国家的进口产品同样课税，弄得生意人措手不及。

政治上口口声声说台湾是属于中国的一部分，但一讲到"钱"就翻脸不认人。这种出尔反尔的痞子习性，表现在对内对外的方方面面，在世界人类永远也建立不起来"信用"。这个题目太大，在这就不多说了，全世界都"懂的"。

如今做国际贸易的，享受着中国加入 WTO 之后的国际贸易规范，也许感觉不到当年的进出口的关税、配额、许可证、最惠国待遇等问题的压力。但当年这些国际贸易上的层层障碍，对于做国际贸易的生意人或公司，都是至关重要、成败攸关的因素。

在台湾产品要课与外国同样关税的情况下，再做台湾产品就困难重重。自然逼迫许多商家采取走私的办法来应对。但走私不是长远办法，也是非常冒险的办法。尽管任何时候走私都是可以获得高额利益的行径，但并不打算效仿。

公司经营进入了十分艰难的境地。现在流行一句话大概意思"时代的一粒尘埃，压在个人身上，都是一座大山。"现在回想那个时期，自己身上真是背着一座大山的感觉。

在国内一位亲戚，在一个记不得的场合，介绍了一位美籍华人F先生。比我年长30岁左右，年近耄耋。在美国已经退休，但精神矍铄，思维敏捷。我们成了忘年之交。

有一次他来香港告诉我，将介绍我认识一位美国生意人。他没有时间，让我自己去还在九龙的香港国际机场去接，两个人。我说我认也不认得，他说你看见两个像电影明星式的人物就是了。我按时到香港九龙国际机场去，瞧着从到达出口出来的人们，出来的大部分是洋人，考验自己的判断力，果然有两个感觉上神态轩昂的洋人出来，果断地上去询问，果然没有错。

用他的爱称吧"摩西"，"摩西"和助手"派却"到我狭小的公司办公室交谈。"摩西"直截了当，要采购中国产品（Made in China）卖到美国。我当然一口答应，并告诉"摩西"这是我的强项。

合作、任务、分配，极短的商谈，"摩西"命派却给我一个小公文箱，我打开，都是现金。我问"摩西"是否要签一份合同，他说不用。他伸出右手，握住我的手，用左手指着我们握住的手说，这就是合同！

我在任职跨国的瑞典"丽都"公司所了解的一切程序，算是都白费了。

二十世纪末的一天，在香港北角的一个三层楼小公司里，几句话，用最原始的方式完成了一件合伙的国际贸易协议。

我是基督徒，自认不够虔诚。但我父母是笃信不疑的虔诚基督徒，他们常常感恩神对人的恩赐和保护，他们身上的一些令人费解的境遇，令他们坚信是神的安排。他们当然也为包括我这个儿子在内的所有子女祷告！

在我最困难的时候，出现素不相识的"摩西"与我合作，对"摩西"和我是找到一个合适的合作伙伴，而对我还多了一层感恩。

从此，我又进入了另一种工作状态。

2023 年 3 月 31 日于维罗纳自寓

（二十五）报销的"汽油发票"

跟"摩西"的合作，他提出货物采购清单，我在国内按订单的要求采购。

上世纪八、九十年代，外贸的基本流程是参加"广交会"，在"广交会"与参展商洽谈生意。有一个具有进出口权力的外贸公司做中间人，通过外贸公司来完成一单进出口生意。一个非中国内地的外国人，只是在"广交会"现场通过展品了解产品。对于生产厂家的情况就一无所知。

我不这样干。以多年在内地跑生意积累下来的人脉和对产品来源的了解，亲自找到产品的生产厂家，直接找厂家了解产品、生产能力、管理和信誉度。与厂家直接谈好基本条件，再找外贸公司出来代理。

这样对产品质量、价格、交货期等有充分的保障，外贸公司也不费吹灰之力落得一单生意。

鉴于"摩西"的在美国的市场经验，在美国接单在销售上没有问题。与"摩西"的合作进行得还是蛮顺利的。

我个人也做一些其他方面的项目，跟一个台湾商人L先生在黑龙江与当地的一家塑料制品厂合作，搞一个工程塑料改性的工厂。

这位L先生经人介绍，到香港来见我，身材特别短小。一屁股坐在我办公桌对面的椅子里，只露出个脑袋。墨黑的头发剪了个齐"刘海"的"童花头"，背后看不男不女。

他第一句话说，自己人生很悲哀。由于他实际长成一个"侏儒"

模样，我想立马宽慰他，准备说出人的长相无法选择，人格是平等的这类宽慰的话。谁知我话还没出口，他跟了一句，我有两个老婆。我"咋摸"（思索）了几分钟，并从他那表面感叹其实在夸耀的表情中，看出来他的意图其实是以退为进的夸耀自己。

我说俩老婆怎么是悲哀啊，这不是许多男人梦寐以求的享齐人之福吗？于是两人相视而笑。一场商业的沟通就在这样的气氛中开始。

这位 L 先生确实能干，在以后的交往中，不论技术、业务、专业都不错，也十分干练，一点也不像他"侏儒"的外形。

三方合作，很快就把厂子建起来，开始的目标是生产双层玻璃塑钢门窗，这个产品将非常适应中国终将发展的房地产事业。L 先生提供了工程塑料改性的设备和技术，我方从匹兹堡同业方面全面提供了模具和关键加工设备和加工技术，中方当然是土地和厂房。

除技术外，管理和财务基本都是由当地人士负责，作为外方，我们并不参加实际管理。

我又从美国进口三辆装载十吨重货物的货箱车和一辆"林肯"轿车。

事情似乎有条不紊顺利进行着。

一次，在一个文艺活动上，一位政府统计局的女士，突然过来拉我跳一只舞。我不会跳舞，从来也不会在这种场合跳舞。但这位女士不由分说地把我拉出座位，就在舞池中转起来，我尴尬极了。这时这女士在我耳边悄悄说，你外方应该查查公司的帐，只要查报销的汽油票就好。说完再转了一会她若无其事地放开了我。

根据她的指点，经过悄悄核查，从汽油票的本身看不出什么破绽，那时候的汽油票根本就不规范，面额不同、形态各异。但把使用过汽油总数量一计算，才发现几乎三倍于所有车辆总运载里程数所需要的数量。但分辨不出发票的真假，此事如何查下去？后来再一了解，所有管理部门负责人，几乎出于一个家族成员。外方只我一人，早被架空，形同虚设。

再者，按照当时（李鹏时代）国务院重点发展房屋建材的规划，工厂设定产品在塑钢门窗方面。我们参加了一个在北京召开的大型展览交易会。展出的塑钢门窗样板受到极大的欢迎和赞许。尤其是被当时国家石油总公司领导（ZHH）看中，说对在野外勘探、采油场所快速建造，很有用处。为此我们信心大增，并以此开始配置改性技术、相关设备和模具、建立生产线等。

但过了一段时间，突然奉上级指示，要我们改成为汽车工业配套，说汽车工业才是国家重点发展的行业，并指定给"松花江"牌微型车配套。那就又要上一套改性技术、相关设备和模具、建立不同的生产线。

对这种朝令夕改的"政策"感到无所适从，令人气馁！

正在徘徊时，奉国庆节，大家放假，我不知如何打发假期，两位朋友见我无趣，说带你去一地方玩一玩，涨涨见识。

他们驱车载我由哈尔滨向东，弯曲山路，颠簸泥泞。有时候还要下来推一把，或者加大马力冲过一个水塘，车几乎是横着滑过去。据说大约500多公里，开了整整一天，到了一座小城。

在这座小城里所见所闻真的是开了眼界，往后谁也没有想到，此行竟然成为事业另一个转折的开始。

2023 年 4 月 20 日

（二十六）赌　场

这是一座煤矿城市，城市有一条大马路，两边只竖立着两栋十来层的建筑，其他都是旧式的底层建筑。

城中一个地方建了一座所谓"娱乐城"，里面布满小型"赌场"和"咖啡屋"。赌场不用说，大家都明白是干什么的。所谓"咖啡屋"只是幌子，实际就是妓院。

那个"娱乐城"倒是灯火通明，彻夜未眠的热闹，人们无非是在那参与"赌"和"嫖"的寻欢作乐！

我问同行的朋友，在中国土地上我还是第一次见到这个场面，居然被允许？朋友说，这地方太穷，除了挖煤，没有其他发展途径，为了让这个地方有所发展，在省委书记YQF拍板后，省委省政府给了这座城一个比较特殊的政策——全面自由化，包括在中国一向禁忌的"黄""赌"都允许经营，放开五年。与当地的一些领导和企业接触过后，从他们嘴里也证实了这个政策。

这真是天高皇帝远啊！我比较吃惊！

回到哈尔滨后，我把这个情况当成奇闻轶事告诉了"摩西"，没想到"摩西"特别兴奋！"摩西"告诉我说，开赌场是全世界最赚钱的生意，而且是稳赚不赔的生意，让我立即与那座城商讨去那里开赌场的意愿。我告诉"摩西"在中国政策上是不会允许搞赌场的，这里也是临时的地方政策，而且只允许五年。"摩西"说，咱只要三年就够了，何况五年。并要我一定要马上去那里商谈投资建立赌场。

正是工程塑料工厂走入僵局，不知道怎么往前走的时候，我选择相信了"摩西"的判断，立马跟当地商讨投资大型赌场的项目。可以想到这是一拍即合的节奏吧！

很快与当地的一家银行和地产公司达成了协议，三方合作成立合资的赌场。

那座娱乐城作为银行和房地产公司的投入，我方投入所有设备和资金。

"摩西"很快就从美国密西西比买下一个中型赌场的设备，500台老虎机，30张赌桌和相应的赌具如筹码和纸牌等，从美国发往中国。

这边立马着手由清华建筑系的两位设计师对旧娱乐城做出装修设计，并开工改建娱乐城，使之成为一座现代化的赌场。

招聘服务人员，并请钓鱼台国宾馆的资深人士培训服务人员。

当设备通过大连海关进入，运抵娱乐城时，很快由美国派来的技术人员，在娱乐城已经改建好的部分，安装、调试、运转并试营业。

一个国际水平的赌场就那么开张营业起来，吸引了众多赌客日以继夜地光顾。

"摩西"说得不错，赌场确实是一个赚钱的生意。我从一个完全不懂赌场经营的门外汉，逐渐对赌场赚钱的技巧，有了初步了解。赌场的一切设计，早就确定赌场包赢不输的底线。在你进入赌场开始，就注定了你输光的结局，而赢的总归是赌场！

赌场在经营中，许许多多意想不到的事情也接踵而至。

当地合作方和当地官场开始一批一批要求到美国参访。现任主要官员基本都实现了参访，一帮退休的官员也提出到美国参访，尽管名义上是自付费用，但我方接待费用也不是小数。况且也没有那么多时间接待相陪。直到不胜其烦的地步，还有许多离任官员就无法供奉，以至留下隐患，这是后话。

在这段时间里，我们也想尽力在这个城市发展其他的投资项目。

鉴于这里是煤矿城市，我们安排了相关官员专门到美国煤矿和煤炭深加工企业参观考察，希望在这里发展煤炭深加工，尤其是炼焦后的化学深加工。

我们还促成匹兹堡市长访问这个城市和拜访当时的外贸部长WY。希望促成匹兹堡以城市转型成功经验，帮助这个城市的转型和发展。

一切都在进行中。

但后来的一些情况的发生，又令事情发生变化！

一些没有获得去美国参访的离职官员，心有不忿，在明知省委给这个地方五年自由发展的机会，对开展博彩业的默许，但仍私下直接向中央告状。第一次公安部来一个高官了解情况，并没有作任何表示。

之后，暗中直接向中央告状的继续不断。终于有一天省委书记亲自找我，向我表白说，因为一直有人向中央告状，惊动了中央主管司法的最高领导G某。G有一个批示，大意是说，请外商逐步转为经营其他娱乐项目。为此书记提议我们按照中央领导的意见转为其他项目，时间可以暂不确定。

一天晚上，其中一位从钓鱼台国宾馆请来的培训老师生日，在我所住酒店马路对面的一家餐馆为他庆生聚餐，餐后天已经很晚，我让司机把其他参加聚餐的公司同事分别送回家。车开走后，我就横过马路，走向对面的酒店。夜间，马路上空无一人，我刚横过第二个绿化隔离带时，从矮树后闪出一个人，手里拿着一把铁锹，挡住了我的去路。他说，我知道你是美国老板。我问他有什么事？他说，我家里揭不开锅了，到现在老婆孩子还没有吃饭，我要向你要钱，我的钱都输到你的赌场里去了！我问他你要多少钱？他说50块就行，跟老婆孩子先填一下肚子。我摸进口袋，把所有的钱都拿出来，大约三四百元，都给了他。我说，我身上就这么多都给你，赶紧回家给老婆孩子弄饭吃。他扑通一下跪了下来，对我千恩万谢。我告诉他，你不用谢！但我警告你，今后如果我发现你再进我的赌场，我就打断你的腿！他唯唯诺诺地走了！

  这应该是一个老实人，拿把铁锹，可能是守我很久了。如果我拒绝了他，是不是一铁锹砸过来，抢钱？我不知道！但他替我下了一个决心！

2023 年 4 月 25 日

（二十七）"涠洲岛"之梦碎

鉴于不断有人上告中央的压力，虽然没有勒令马上关闭，却放出改成其他娱乐项目的话。过去没有通过正式法律程序口头上的"放开五年"承诺，只是权宜之计。况且博彩行业其实推动不了当地的经济发展，只是吸引其他地方的赌徒、猎奇者来消费一番，并不产生真正的社会价值。因此我找了当时领导说，为了保你们的乌纱帽，我决定关闭赌场。这个决定令我自己和中方都松了一口气！

从大约1991年到1996年，从投资工程塑料改性项目到赌场关闭，终于结束了在黑龙江六年中什么也没有做成的经历。

"摩西"在一单我们向广东某银行进口ATM（自动提款机）的时候结识了这个银行的一位领导。这位领导建议我们买下他们在广西北海的一块土地。那时我在黑龙江忙着善后，原先并不知道这件事。"摩西"告诉我后，我感到不安。这对我们公司来说是一件很大的事情，我竭力阻止了这个交易，并要亲自去了解情况。

其实我知道，当时国务院的新领导开始整顿整个国家投资过热引起的经济风险，对于广西北海和海南海口两个城市发展叫停。北海陷入困境，大片准备开发的土地闲置。"摩西"作为一个美国人，在中美贸易不断发展的情况下，并不完全了解中国国内的这些情况。我阻止了这个交易。

我前往北海了解情况，北海的一位朋友把我介绍给市政府的一位领导，谈到我在东北的情况，这位领导告诉我，北海有一个涠洲岛，孤悬北部湾，是一个准备开发旅游产业的重点地方。领导拿出国务院批示的相关文件，上面"赫然"列明包括"博彩业"在内的各种旅游项目。

涠洲岛是一个可以完全封闭的小岛，开发包括"博彩"的旅游业，主要针对国际游客，进行封闭式管理，从理论上讲是完全可行的。我看到了"国务院文件"，引起我极大的关注。

我回到美国，跟"摩西"谈到了"涠洲岛"的开发。"摩西"自然积极响应。但"涠洲岛"项目投资巨大，必须寻找有实力的合作伙伴和十分谨慎了解情况。我们先找了一个博彩业巨头之一 SDK，得到它们的支持。然后委托一家独立的咨询公司，派专人到北海和到海南三亚等地作对比考察，得出的结论是可行的。

我们开始了对"涠洲岛"项目的设计。为了筹集资金，还在美国建立了一个开发基金，吸引更多的资金加入。北海这边，我们租下了一个有 250 亩地的叫"伊甸园"的度假村，准备做将来"涠洲岛"项目在北海的总部。

事情在按部就班地进行，可以想象的事情也随之发生。

当时主政广西的是 CKJ，这个人后来升至副国级，但又是在副国级任上被查获贪污腐败并被判死刑的历来最高官阶的。这是后话，但我们介入"涠洲岛"项目时，他是广西的一把手。

我在南宁跟他见了面，受到他的鼓励，表示放心投资，项目是经国务院批复的。跟着他的儿子的公司也找来北海，表示要承包"涠洲岛"项目的全部建筑工程。据说广西重大建设项目，许多都是由这家公司承包，然后再转包出去。

各路人马纷纷找来，有一位朋友，把一辆"面包车"借给我们使用。在任的各路官员成了座上客。甚至有一位位阶"副处"的，私下委托，请在市领导那里"美言"让他升至"正处"。离任的一位市长，擅长书法，彼此颇有谈资，成了无话不谈的朋友。连基督教会也约请我们一起到某深山老林的一个"大麻风"隔离病区"传福音"、捐助和对病人心灵安抚。

"涠洲岛"项目成了北海的一个街头巷尾的话题。

CKJ高升至副国级，要离开广西去北京履任，我也正好要去北京参加朋友的婚礼。我们同乘一个航班头等。我说主席你去了北京，广西如果我有什么需要找谁？他说我会大部分时间留在广西的，如果我不在（他指指临座）你找C秘书长就好。但实际是我见CKJ最后一面，后来除了在新闻上看到他之外，就是知道他犯事并最后执行死刑的消息。

CKJ离开之后，广西换来的最高领导CBC，此人据说与当时的最高领导JZM在中央党校时是同桌。从辽宁省任上调来，打破由广西少数民族担任广西诸侯的惯例。可见当时的最高领导对少数民族地区有多么不信任。

时隔不久，由当地一位市政府官员介绍，一位称是CBC哥哥的人找到我，说是他的公司要承包"涠洲岛"项目全部建设工程。我表示已经承诺了前主席公子的公司不便食言。但经此谈话，我立即产生不详预感。果不然，一日，我正不舒服。市政府秘书来接我去市政府，说市长有重要事务相谈，我只得前往。见市长后，他吞吐了半天，说，现在广西最高领导CBC，转达中央领导的意见，"涠洲岛"项目里的"博彩"要删除。

从与那个"哥哥"谈话后产生的不详预感，果然应验。当时我知道有两个选择，一是再找"哥哥"商谈，但从此一切在如来佛的五指山下。另一个选择是放弃，又是放弃！

二十世纪最后的日子，1999年最后一个月，从美国传来噩耗，"摩西"离世。原因是清早独自出外散步，经日不回，众人遍寻，在后院树林发现，经医检，为心肌梗塞失去救治而亡故。

天意用此重大沉痛方式给我警示，放弃吧！放弃在那个地方所做的一切！

2023年5月2日

（二十八）摩 西

"摩西"，犹太人，1931年生。兄弟姐妹十一人，他最小，连父母共十三人的大家庭，居德国。

二战时全家被纳粹关集中营，美军攻入前纳粹屠杀犹太人，他亲见父母兄姐被枪杀，母亲把才12岁的他压在死人底下才逃过一劫。

美国把他作为难民接收到美国，经甄别，找到自己受伤并没有死去也被美军救助的母亲。"摩西"青年时以在街上当小贩为生。

一次我陪他参观哈尔滨冰雕展，外面零下三十度左右，见一少年在现场卖雪糕，我们也买了雪糕吃着，我忽然见"摩西"在流泪，便问他怎么了？他说想起自己16岁时，也是冬天在纽约街头卖雪糕，一时伤感。

另有一次，我戴了一只在意大利买的皮帽，是可以摺上去扣在前面的那种。一天"摩西"拿了一只毛线帽给我，说你换上这只帽子，不要再戴那只皮帽。我问他为什么，他说看到那只皮帽就想起德国纳粹士兵的样子，十分反感！从此我就再也没有戴过那只皮帽。

"摩西"的第二份工作是到"废物园"打工。美国"废物园"有很多种，有专门拆旧金属的，比如报废的汽车和报废的机械、或废旧玻璃、废旧塑料、纸制品等。凡可以回收再利用的物品，都可以处理后生财。

熟悉了"废物园"的操作后，"摩西"开始自己经营"废物园"，这是他的第一桶金。他曾经拥有过多家"废物园"，积累了百万级的资产。

在"废物园"的基础上,他又开拓了国际贸易生意,因此熟悉美国市场的物品需求。在了解当时的香港作为中国出口商品转销枢纽之后,就通过他在美国的华人好友 FLR 先生到香港找到我。从此我们建立了合作关系。

"摩西"尤其对美国低端市场的需求十分了解,他可以根据商家需求拿到订单,也可以把自己看准的商品及时推销出去。因此跟"摩西"合作的这段时间,生意上比较顺利。

"摩西"除了跟我合作做国际贸易之外,他自己还有一个"电子游戏机"(games)生意。就是在许多公众消费场所设置"电子游戏机"。比如酒吧、饭店、游乐场等,在里面放置自动收费的"电子游戏机",供来消费的客人玩耍。当然收益会跟放置场所的主人分享。在匹兹堡及周边地区,他放置"电子游戏机"的"地盘"在同行中也算是数一数二的。

由于他经营"电子游戏机"的业务,令他对"赌场"业务十分了解。他一直有一个愿望,就是开设属于自己的现代化大型"赌场"。在美国投资赌场需要巨额资金,并不是那么容易的事情。

当时他听说中国某处可以在一定的期限内开设赌场,十分兴奋,就立即要求我促成。其实他知道在中国开设赌场是有很大问题的,但他的真正意图,是利用暂短的机会,在中国开赌场积累经验,将来在美国或世界其他地方开设现代化大型"赌场"。只可惜"壮志未酬身先死"。

"摩西"文化程度不高,但阅历丰富。口才也非常好,在中国国内与官员谈起来,也是一套一套的,有时觉得他是一个被耽误了的外交官。

"摩西"原本是地地道道的犹太裔德国人,成为进入美国的难民后一直不加入美国籍,出国旅行持有"国际难民"护照。我第一次带他到中国国内,在香港的"中国外交部驻香港签证处"(那时香港还没有回归），出示他的"护照"时，弄得签证处的办事人员一头雾水。经过再三请示核实、确认，才给予办理进入中国的签证。

后来我才知道，美国有一大批当初在二战德国战败后，被美军救助到美国的犹太人都不加入美国籍。"摩西"有很多犹太人朋友都是这样。

"摩西"的母亲一直在纽约居住，活到105岁去世。

在母亲100岁的时候，"摩西"去纽约给她庆祝生日。他母亲问他你现在怎么样？"摩西"回答我刚从监狱里放出来，这不正跟这个中国人开始创业呢？跟他母亲说时的口吻决不是开玩笑那种，是很认真。

其实他已经是一个小有成就的百万富翁，很奇怪他为什么要对母亲这样说。后来"摩西"说，母亲到了这样一个年纪，自己已经风雨飘摇，最挂心的就是子女的状况，她盼望唯一的儿子一切都很好，否则死不瞑目。如果她知道儿子已经一切都好，潜意识就认为不需要再挂心什么了，反而会觉得自己任务已经完成，不再有什么盼望了。"摩西"认为一直给她母亲一个"盼望"，是令她坚持活下去的动力。

我仔细想想，"摩西"的话或许是有一定道理的。事实是他母亲活那么久，直到在105岁时不小心感染了"病毒性感冒"不幸去世。

"摩西"后来成了我的儿女亲家，这不是在这部书里要讲的故事，就不多述了。

以此篇纪念"摩西"，我的生意合伙人、我的亲家、我的朋友。

2023年5月3日

（二十九）建筑故事

摩西的过世，成为我彻底结束在中国从事贸易和投资的契机，回到美国。正值母亲弥留，陪伴母亲一段时间，母亲于 2000 年走完八十六岁的人生。

在加州参加了一个建筑的学习班，做起建筑工程，投入到加州房地产开发的热潮中，一做就是十年。

一个顾几个工人，主要靠自己经营的小小的建筑公司，打发时间而已。美国一切行业，极具规则，不论自己操作、政府监督和客户要求，都按规则办事，不会有太大矛盾纠纷。即使稍有出入，按规则处理就好，十年过程虽然乏善可陈，也有一些值得回味的故事。

有一次为一个韩国业主建一个老人护理中心。比起一般的民居显然建筑面积要大很多，光卫生间就有六个，整个建筑的上下水系统自然也极复杂。工人按照由政府机构批准的图纸，按部就班地把不同直径的 ABS 管道根据倾斜度的要求连接起来，最后连接到通向城市主干道的下水道上，下水道系统就算完工。

按规定每种特定工程完工后，必须由政府机构的工程师前来检查是否合格，然后工程师认为合格签字，才可以进行另一项目的工程。

我和工人对于把六个卫生间加上大型厨房这么复杂的下水道系统做得美轮美奂，自己也感觉十分得意。

工程师在对照图纸仔细检查后，也表示夸赞。但出人意外的是工程师没有通过这次检查。而是提出一个与图纸不同的整改意见。

这也太令人意外了！

工程师说，按照图纸你们做得很好，图纸标定主管道直径六英寸你们也按照这个规格做了。但是我要求这个主管道换成直径四英寸的，说完他就走了。

这简直让人懵了！

于是我就带着图纸到政府机构找到他的领导，向领导投诉这件事。但领导回答，你们必须按照他的决定去做，这个机构规定，派到现场的工程师才有最后的决定权，在职务上我是这个部门的负责人，但技术上我不可以干预现场工程师的决定。

得到这个结论，我们还有什么话说？

回来赶紧更换直径四英寸的主管道。我们正要动手，这位工程师不请自来说，你们在六英寸的管道上打开一个口，在几个卫生间同时倾倒水，看看在六英寸管道中水是怎么流动的？经观察，水是在管底平流的。然后他告诉我们，在换上直径四英寸管道后，你们再看看水在管道里是怎么流动的？

工人经过两天的努力，把直径四英寸主管道换好，在近末端打开一个观察口，再用多处灌水的方法观察，果然，水是沿着管壁旋转着冲下来的。

工程师告诉我们，长期平流的水，会在水管底部留下垃圾，日久会越积越多，容易引起管道堵塞。旋转流动的水，会卷起积累的垃圾，直接带出到城市窨井，而且水通过的横截面越小，流速越快。

我们都上过这样的最基本的流体力学课，现在又重上了一课。

第二件事。凡地板地下的木头衡樑，木头直接的链接，必须用一种叫"辛伯逊"铁钩（连接件），工人用"辛伯逊"铁钩，钉好一个单体民居的地板横梁后，请政府机构工程师来检查，工程师看过后没有问题准备签字。但看见墙角有一堆铁钩包装纸盒时，他停下脚步拿起纸盒仔细观看，看后也不签字径直走了。

我们正纳闷着，一会他来了。手里拿着一个精密的"千分尺"，他拿起剩余的铁钩，用"千分尺"度量，然后告诉我，这个铁钩不合格，薄了！误差很大！

　　不用说，包装盒上赫然印着"Made in China"，我问他你是不是歧视中国产品？他说我不管哪里生产，只管产品质量合格，你必须要更换同类型厚度合格的产品！

　　当然，我到另一家材料行，买了同类的铁钩换上。包装纸盒上印的是"Made in Japan"。当然，我在买的时候就让店家拿出"千分尺"作了度量。

　　这两个故事里包涵了一些什么值得思考的？大家自己去琢磨吧。

　　建筑十年中，我就愿意做由政府检查的工程，甚至也投标政府工程。政府机构的工程师在对你提出问题后，基本上会手把手教会你怎么整改，从来没有遇见故意刁难的。你请他喝一杯水，他们都拒绝，他们说按规定我们不能接受建筑商的任何馈赠，哪怕是一杯水、一支烟。

　　做政府机构监督的工程是一个不断学习的机会，长进不少。以至于我的建筑老师，来问我一个关于链接电系统的问题，我给他了正确答案。

2023 年 6 月 2 日

（三十）收 手

总结海漂30年（1981-2011），大部分时间从事与中国市场有关的事情。

这也正是中国"改革开放"前30年发展迅速的阶段，有目共睹。

有一些印象深刻的东西：

一、人情：

开始从海外带一条洋烟、两瓶洋酒送给亲友品尝。后来感觉送给生意对手对联络感情有利，就改成谈生意时的必备礼品。从主动送，逐渐变成心照不宣的被索要；

不知什么过程，烟酒逐渐升级到小电器、相机、手表等物件；

又不知什么过程，小电器演变成大型电器，如彩电、冰箱、洗衣机等；

国内逐步自己发展了这类产品，对海外生意人的要求变成出国"访问"（实质是旅游一番）；

从公款出国"访问"变得容易后，对海外生意人的要求变成协助子女出国留学；

当上面一切都可以在国内自己搞定后，海外生意人再没有可以满足对手的方面，只好在金钱利益方面填补欲壑（比如现金、回扣、股份或更高等价的物品）。

二、宴请：

开始都是海外生意人做东，到一个"星"级饭店，请亲朋好友"撮"一顿，感觉有面子，皆大欢喜。

后来国有企业"与时俱进",有了招待费,可以请海外生意人吃饭,东主变换。反正不是自己掏腰包,请一个"外商",有关系没关系的一大桌人陪吃,依然皆大欢喜;

经济发展越来越好,私人企业有钱也有自由,请生意对手吃饭,讲究排场,高档豪华,一掷千金。

吃完饭再来一个洗脚、洗澡、夜总会、卡拉OK什么的。

许多过去跟着海外生意人一桌"蹭"饭的,在商业大潮中发了财,摇身一变,反而成了豪华宴会、夜总会消费的东主,也大有人在;

三、喝酒:

不论过去和现在,无酒不宴,有酒必欢。酒酣承诺,酒醒必忘。

我不幸还算有点酒量,这么多年,还算对付过去大部分的酒宴。而最让人受不了的是,谈业务几乎必在酒桌,三杯下肚,什么都承诺。第二天酒醒什么都忘了。

由于投资项目失败,随着中国加入世界贸易组织,中国的海外贸易形式也逐步改变,像我和"摩西"这样的贸易形式也不符合不断变化的趋势,该收手了!

一切都是天意!在该收手的时候,收手了!

2023 年 6 月 2 日

浮光掠影

——近数十年镜头下的生活片段

  这些照片综合整理了过去从 1980 年代到现在的一些零碎记忆，记录作者曾经的生活轨迹与点点滴滴。因此以"浮光掠影"为题。

  2011 年前，我使用老旧的手机，没有摄影功能；用"傻瓜相机"拍的，转换为电子版，照片清晰度差强人意，但于个人历史保存，却是有意义的。

  2011 年之后的照片也是生活的真实记录，包括在本卷，能让大家知道一个活生生的"海漂者"近十多年的状况，作为三十篇"缀拾"文字的补充吧。

2023 年 6 月 5 日海老识

作者（右）与父亲于被迫害后（1970）

青岛天主教堂（1981）

上海南洋模范中学（1981）

蛇口工业区（1981）

哈尔滨松花江畔（1982）

香港街头（1982）

广州国际方便面展览会(1982)

北京交流会(1983)

广州旅游商品展销会(1983)

与两女儿在青岛海边(1983)

与小女儿在火车上(1983)

浙江出口商品交易会(1983)

福州林则徐禁烟亭（1984）

南京金陵饭店（1984）

南京长江大桥（1984）

西安碑林（1984）

浙江奉化蒋氏地界（1984）

福建泉州某寺（1985）

澳门大三巴（1985）

厦门鼓浪屿（1985）

香港"丽都"公司春茗（1985）

香港"丽都"公司春茗（1985）

欧洲旅行（1986）

意大利威尼斯（1986）

欧洲旅行（1986）

意大利威尼斯街头（1986）

瑞典哥德堡的进修班（1987）

瑞典哥德堡进修班在工厂参观（1987）

瑞典斯德哥尔摩皇宫（1987）

"摩西"（左）和他的儿子（约1988）

美国三藩市大桥（1988）

重庆人民大会堂（1988）

成都都江堰（1990）

丹东鸭绿江桥头（1990）

与影星陈述及俩日本学生和弟弟合影（1990）

美国尼亚加拉大瀑布（1991）

美国纽约街头的骑警马匹（1991）

台湾台中某旅游山地之"神木"（1991）

西双版纳（1991）

美国加州与父母合影（1994）

"摩西"与黑龙江七台河市长击掌（1995）

与"摩西"、匹兹堡市长、美国议员和女儿在黑龙江访问（1996）

作者大女儿婚礼上（1996）

美国总统山（1997）

甘肃张掖裕固族祁连山（1998）

甘肃张掖裕固族帐篷前（1998）

广西涠洲岛巡逻艇（1998）

兰州古迹（1998）

美国加州南洋模范校友会（2003）

美国加州圣荷西六十生日（2003）

作者小女儿婚礼上（2004）

加州某开心果农场（2006）

上海环球中心88层楼顶（2007）

纽约联合国大厦（2008）

与两外孙(2011)

创建"匹兹堡中华文化语言学院"(2012)

"匹兹堡中华文化语言学院"董事(2012)

给低年级学生上课（2012）

七十岁生日，匹兹堡（2013）

在教会讲中华文化（2014）

与外孙和他的玩伴（2014）

首创"匹兹堡中华文化节"（2015）

因华人警员获不公正判决，率领华人抗议（2015）

与文友法拉盛图书馆邱馆长（2015）

在法拉盛图书馆（2015）

第一届"匹兹堡中华文化节"邀请宁夏文艺代表团
来匹兹堡演出与宁夏演员在匹兹堡游览（2015）

与时任美国教育部副部长张曼君交谈华文教育问题（2015）

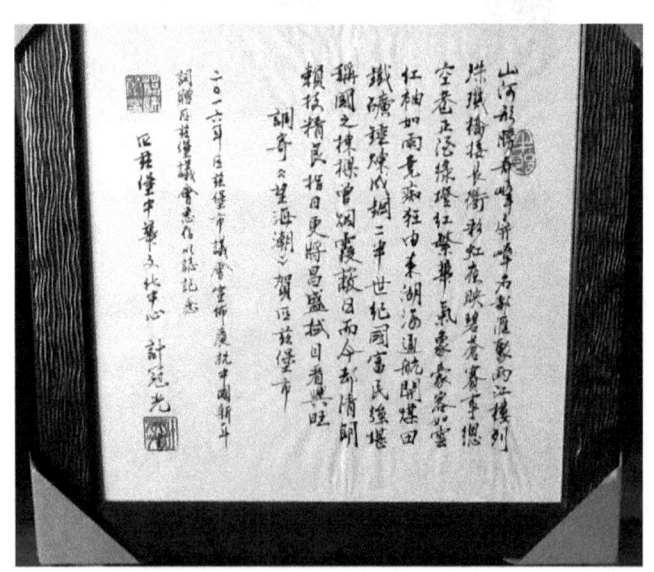

首次匹兹堡市政府和议会举办"中国日"赠市议会的词（2016）

第二届"匹兹堡中华文化节"参与迎宾(2016)

邀请昆山青年昆剧院来匹兹堡演出(2016)

与文友纽约东方戏剧艺术家协会杨玲会长(2016)

首届"匹兹堡农历新年大巡游"现场（2016）

"匹兹堡中华文化中心"举办元旦晚会（2016）

匹兹堡春节联欢晚会（2016）

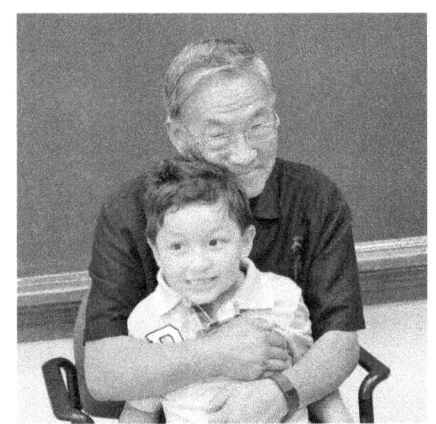

外孙上小学一年级（2017）

参加州府哈里斯堡华人新年庆祝活动（2017）

参加州府哈里斯堡华人新年庆祝活动写对联（2017）

举办筹款会支持华人女士李林笛参选国会众议员赠诗(2017)

参观白宫(2017)

华盛顿DC朝鲜战争纪念牌(2017)

与时任美国交通部长赵小兰（2018）

为"匹兹堡春节联欢晚会"写春联（2018）

在纪念"匹兹堡建市 250 周年大巡游"（2018）

陕西宝鸡"中国青铜器博物馆"（2018）

陕西法门寺古塔（2018）

纽约法拉盛诗歌节颁奖典礼（2018）

参加竞选活动（2019）

在华人超市门口宣传华人投票（2019）

凤凰电视台关于2020大选的一次采访会（2019）

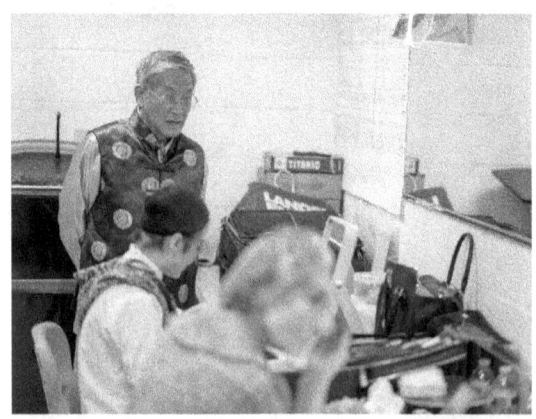

欢迎成都市文艺代表团参加"匹兹堡春节联欢晚会"（2020）

在后院阳台（2021）

书写苏东坡关于煮红烧肉的诗给友人（2022）

与外孙参加中期选举拉票（2022）

七十九生日（2022）

纪念匹兹堡中国城活动（2022）

匹兹堡亚太裔月美食节活动（2023）

在教会春节庆祝活动写春联（2023）

匹兹堡春节联欢活动中与小朋友合影（2023）

女儿女婿外孙(2023)

每天散步阿拉根尼河畔的蓝椅(2023)

www.ingramcontent.com/pod-product-compliance
Lightning Source LLC
Chambersburg PA
CBHW070554170426
43201CB00012B/1837